Katharina E. Weyland

Ayurveda
REZEPTE

mit heimischen
Zutaten

Schirner
Verlag

ISBN 978-3-8434-5143-7

Katharina E. Weyland:
Ayurveda-Rezepte mit
heimischen Zutaten
© 2016 Schirner Verlag,
Darmstadt

Umschlag: Anke Müller, Schirner, unter Verwendung von # 137025089 (© TATYANA Yamshanova) und # 153444575 (© Bariskina), www.shutterstock.com, sowie 3 Rezeptfotos von Katharina E. Weyland
Layout: Anke Müller, Schirner
Lektorat: Bastian Rittinghaus, Schirner
Printed by: Ren Medien GmbH, Germany

www.schirner.com

1. Auflage Juli 2016

Inhalt

Für Mike, meinen Fels in der Brandung

» *Wenn unsere Ernährung falsch ist, hat Medizin keinen Nutzen. Wenn die Ernährung richtig ist, ist Medizin nicht notwendig.*

(Ayurvedisches Zitat)

Vorwort

Liebe Leserinnen und Leser,

dieses kleine Buch möchte Ihnen einen kurzen Einblick in die Lehre des Ayurveda und die ayurvedischen Ernährungsprinzipien geben. Sie finden auch einen kleinen Test, mit dem Sie herausfinden können, welches Ihr Dosha, Ihr Konstitutions- und Nahrungstyp, ist. Der Schwerpunkt liegt aber auf den vielen leckeren Rezepten. Diese basieren auf den ayurvedischen Prinzipien, sind aber der europäischen Kochweise und den heimischen Produkten angepasst.

Wenn Sie sich detaillierter mit der Lehre des Ayurveda beschäftigen möchten, empfehle ich Ihnen mein Buch »Ayurveda Balance & Detox«.

Ich wünsche Ihnen viel Freude beim Nachkochen und freue mich über Anregungen und Kommentare!

Ihre Katharina E. Weyland

Sie finden mich auch auf Instagram *(bebodyandmind)*, Facebook *(www.facebook.com/bebodyandmind88)* und auf meinem Blog *(bebodyandmind.wordpress.com)*.

Warum überhaupt Ayurveda?

Wieso sollten wir Europäer unsere Ernährung nach einer jahrtausendealten indischen Lehre ausrichten? Es ist nachgewiesen, dass die hoch entwickelte Indus-Kultur des alten Indiens sehr eng mit den Kulturen des Abendlandes, mit Griechenland, dem Römischen Reich, Persien und auch den Völkern des heutigen Deutschland verbunden war. Auch in medizinischen Belangen herrschte ein reger Austausch. Wenn man sich das verdeutlicht, ist Ayurveda keine exotisch-esoterische Philosophie, sondern uns in seinen Wurzeln sehr nahe.

Die alten Veden, aus denen das ayurvedische Wissen stammt, entwickelten mit diesem einen Ansatz, der alle Lebensbereiche abdeckt: Religion, Astrologie, Yoga, Heilkunde, Architektur, Psychologie, Ernährung … Die Kombination all dieser Bereiche stellt eine Anleitung für ein ganzheitliches Leben dar.

Ayurveda, das »Wissen vom Leben«, richtet sich an den Gesetzen der Natur aus. Ihm liegt das Verständnis zugrunde, dass der Mensch immer mit und in der Natur lebt. Daher ist diese Lehre zeitlos und universell.

Wir lernen, wenn wir uns mit Ayurveda beschäftigen, uns selbst wieder als Einheit von Körper, Geist und Seele zu verstehen und alle drei Elemente gleichwertig zu behandeln. Im Ayurveda spricht man von »göttlichen Speisen«, die die Seele und den Körper nähren. Die wichtigste ist Kitchari, die reinigende Reisspeise.

Schon das uralte Ayurveda wusste, was in unseren Breiten gerade erst wieder ins Bewusstsein rückt: Nahrungsmittel sind wertvoll, wenn sie aus biologischem Anbau in gutem, fruchtbarem Boden stammen, zur richtigen Jahreszeit geerntet wurden und sich in einem möglichst unverarbeiteten Zustand befinden. Dann ist ein Lebensmittel »sattvig«, d. h. rein auch auf einer spirituellen Ebene.

Es ist überhaupt nicht unwichtig, wo und wie unsere Nahrungsmittel wachsen, denn dadurch erhalten sie ihre Qualität, ihre positive – oder negative – Energie (Prana), ihre Reinheit und Schönheit. Prana gibt allem, was auf der Erde existiert Leben – Menschen, Tieren und Pflanzen.

Die Bhagavad Gita (»Lied des Herren«), die 700 Verse lange Grundlage der Hindu-Kultur, beschreibt die sattvige Diät als »lebensspendend, tugendhaft, stärkend, gesund und glücklich machend, befriedigend«. Sattvige Lebensmittel sind »schmackhaft, weich, fest und angenehm für den Magen«.

Yogis ernähren sich auf ihrem Weg zur Erleuchtung streng sattvig. Der Körper soll auch nach dem Essen leicht, aber gestärkt sein und der Geist ruhig und glücklich. Sie werden merken: Wenn Sie sich nach diesem Prinzip ernähren, wird Ihre Balance hergestellt, und das Essen erfüllt Sie mit Frieden.

Es ist ziemlich unrealistisch, eine rein sattvige Diät zu sich zu nehmen. Wir benötigen für unseren Alltag auch Rajas, die antreibende, motivierende Eigenschaft, sofern wir nicht hauptberuflich Yogis oder ähnliche hochspirituelle Personen sind. Rajasige Lebensmittel sind scharfe Substanzen wie kräftige Gewürze und Kräuter, Stimulanzien wie Kaffee und Tee, Fleisch, Fisch, Eier, Salz und Schokolade. Viele Erdgewächse gehören ebenfalls dazu. Und auch hastiges Essen wirkt rajasig.

Die dritte Eigenschaft ist Tamas, die Trägheit. Ihr werden Fleisch, überreife Früchte, konservierte und aufgewärmte Speisen zugeordnet.

Die Doshas

 Vata

 **Pitta**

 **Kapha**

Jedes Individuum erhält bei seiner Empfängnis sein ganz individuelles Prakruti, seine Dosha-Kombination, die ihn bestimmt in Charakter, Aussehen, Stoffwechsel, Verhaltensweisen und vielem mehr. In der Regel werden wir von zwei Doshas bestimmt, seltener findet sich die Dominanz von nur einem Dosha, und äußerst rar ist das Tridosha, d.h., dass ein Individuum von allen drei Doshas gleich stark bestimmt wird.

Der Mensch ist gesund, wenn diese drei Doshas in Balance sind. Dies geschieht durch eine ausgeglichene, ayurvedische Lebensweise und Tagesroutine (Dinacharyia) und eine seinem Körpertyp angepasste Ernährung (Ahara).

Keine Sorge: Ayurvedisch essen heißt nicht, dass Sie zum Frühstück, Mittagessen und Abendbrot nur Currys zu sich nehmen. Es bedeutet, dass Sie sich Ihrer Konstitution gemäß ernähren, also die Zutaten verwenden, die Ihnen guttun, Sie ausgleichen, stärken und nähren, ohne Sie zu belasten. Es schließt ein, frische Speisen zuzubereiten, viele wertvolle Kräuter und Gewürze zu verwenden, in Ruhe zu essen und die Mahlzeiten wieder zum Treffpunkt der Familie, zum Anlass für sozialen Austausch oder auch zu einer beinahe meditativen Angelegenheit zu machen. Die Gerichte sollen genossen werden, der Körper genährt, aber nicht überernährt werden.

Auch die Heilwirkung von Pflanzen, Gewürzen und Kräutern gehört zu einer aufmerksamen Ayurveda-Ernährung, ebenso das Essen gemäß der Jahreszeiten. Im Sommer, wenn es von außen heiß ist, ist es unsinnig, scharfe, erhitzende Speisen zu sich zu nehmen. In der kalten Jahreszeit hingegen benötigen wir die Wärme von innen.

Nahrung kann auch bei bestimmten Krankheiten unterstützend oder gar heilend wirken, sie kann bei Unwohlsein helfen und uns reinigen.

Im Folgenden finden Sie einen Test, anhand dessen Sie relativ einfach Ihren Dosha-Typ bestimmen können.

Bitte machen Sie hinter jeden Stichpunkt ein Kreuz, falls die Beschreibung auf Sie zutrifft. Am Ende zählen Sie die Kreuze aus und erkennen so, welches Dosha bei Ihnen dominiert. Dieser Fragebogen ersetzt selbstverständlich nicht die Diagnose durch einen Ayurveda-Arzt, er soll Ih-

nen lediglich eine Idee von Ihrem Körpertyp geben, damit Sie die für Sie passenden Rezepte aussuchen können.

Am besten führen Sie den Test zwei Mal durch: Zunächst bestimmen Sie die Grundzüge Ihres Wesens, wie Sie schon Ihr Leben lang sind. Das Ergebnis ist Ihre Grundkonstitution (Prakruti). Danach gehen Sie ein zweites Mal durch den Test, um herauszufinden, wie es Ihnen in letzter Zeit geht (Vrikruti). Das Dosha, das beim zweiten Durchlauf vorherrschend ist, müssen Sie ausgleichen. Mithilfe dieses Buches können Sie mit der entsprechenden Ernährung anfangen.* Wenn Ihr Pitta zu hoch ist, essen Sie für zwei bis drei Wochen vorwiegend Pitta-Speisen. Falls Ihr Prakruti und Ihr Vrikruti weitgehend übereinstimmen, richten Sie sich nach dem stärksten Dosha.

* In meinem Buch »Ayurveda Balance & Detox« finden Sie detaillierte Informationen zu den Doshas, zum empfohlenen Lebensstil zum Ausgleich eines Doshas und viele weitere wertvolle Hinweise.

Test zur Bestimmung der Körperkonstitution (Dosha)

VATA

Körper	
schlank/dünn bis untergewichtig	
feingliedriger Körperbau	
schmale Hüften	
kalte, knackende Gelenke	
trockene oder raue, eher kalte Haut	
Neigung zu Falten und tief liegenden Augen	
trockene Lippen	
große Zähne, dünnes Zahnfleisch	
Augen bewegen sich viel, meist dunkle Iris	
trockenes, dünnes, dunkles oder gelocktes Haar	
feine, schmale und kühle Hände	
dünne Nägel, die leicht brechen	
wenig Neigung zum Schwitzen, schnelles Frieren	
hohe Neigung zu Hyperaktivität	
Appetit und Verdauung unregelmäßig	
Neigung zu Verstopfung	

Geist	
sprunghaft, hyperaktiv	
gutes Kurzzeitgedächtnis, schlechtes Langzeitgedächtnis	
leicht hektisch oder gestresst	
Entscheidungsschwierigkeiten	
neugierig und interessiert	
schnelle, aktive Träume, Neigung zu Albträumen	
Neigung zu unruhigem Schlaf und Schlaflosigkeit	
ideenreich und kreativ	
flexibler, sprunghafter Lebensstil, reist gern	
Neigung zu Unsicherheit und Ängstlichkeit	
lebt vorzugsweise in warmem, feuchtem Klima	

PITTA

Körper	
durchschnittliches Gewicht	
mittlerer Körperbau	
gut entwickelte Muskulatur	
Haar ist fein, seidig oder rötlich, grau, neigt zum Ausfallen	
scharfe, helle, oft grüne Augen, lichtempfindlich	
warme, wohlgeformte Hände	
scharfe, glänzende, elastische und rosige Nägel	
mittelgroße Zähne, empfindliches Zahnfleisch	
warme, ölige Haut, Neigung zu Sommersprossen	
heftiges, geruchsintensives Schwitzen	
großer, unerträglicher Appetit	
kann fast alles essen	
schnelle, brennende Verdauung, Neigung zu Durchfall	
fühlt sich bei kühlem Wetter wohler	

Geist	
denkt präzise und logisch	
gutes Gedächtnis	
Neigung zu Zorn, Hass und Eifersucht	
starker Wille, organisiert sich gut	
arbeitet schnell und genau, Perfektionismus	
meist sehr organisierte Lebensweise	
feurige, gewalttätige Träume von Krieg	
schläft wenig, aber tief	
lebt vorzugsweise in kühlem Klima	

KAPHA

Körper	
stabiler, stämmiger Körperbau, neigt zu Übergewicht	
runde Gesichtsform mit kleiner Nase	
starke, weiße Zähne, dickes Zahnfleisch	
dicke, ölige, kühle und helle Haut	
dicke, volle Haare, oft lockig und glänzend	
große, ruhige, kräftige Hände	
kräftige, regelmäßige, glänzende Nägel	
Neigung zu Schwitzen, auch ohne Anstrengung	
fester, häufiger und großer Stuhlgang	
Neigung zu Schleimbildung	
moderater, aber regelmäßiger Appetit	
Neigung zu Erkältungen und Asthma, Allergien	
hohe physische Ausdauer	

Geist	
ruhige, sehr genaue Denkweise	
hervorragendes Langzeit- und Detailgedächtnis	
anhänglich und besitzergreifend, gierig	
romantische Träume z. B. von Schnee und Seen	
ruhiges, geduldiges Temperament	
neigt zu Antriebslosigkeit, Nachlässigkeit	
sehr beständiger Lebensstil	
tiefer, langer Schlaf	
lebt vorzugsweise in warmem, trockenem Klima	

Auswertung

1. Test (Punkte): PRAKRUTI

Vata: Pitta: Kapha:

2. Test (Punkte): VRIKRUTI

Vata: Pitta: Kapha:

>> *Jeder, der glaubt, alles könnte an jeden angepasst werden, ist ein großer Narr, denn Medizin wird nicht auf die Menschheit im Allgemeinen ange- wandt, sondern auf jedes Individuum für sich. (Henri de Mondeville)*

Nahrungsmittelempfehlungen

Im Ayurveda wird die typgerechte Ernährung als Grundlage der Gesundheit gesehen. Mit ihr steht und fällt die Kraft unseres Agni, unseres Verdauungsfeuers, und mit einem starken Agni beginnt Gesundheit.

Eine ayurvedische Regel lautet: »Gleich erhöht gleich.« Wenn jemand z. B. Pitta-dominiert ist, wird er Pitta durch heiße, scharfe Speisen erhöhen. Dies ist dann eine Verschlechterung. Um Pitta zu beruhigen, müssten milde, kühlende Nahrungsmittel verzehrt werden.

Die ayurvedische Küche verwendet generell wenig Rohkost und bevorzugt zumindest gedämpfte Nahrungsmittel, da sie einfacher verdaulich sind und somit unser wertvolles Agni weniger belasten.

Eine Suppe als Vorspeise regt die Verdauung an und füllt schon ein Stück des Magens. Mit den weiteren Gerichten sollten Sie sich nur zu drei Vierteln satt essen, das reicht. So überessen Sie sich nicht, können besser verdauen und halten Ihr Gewicht bzw. können dieses bei Wunsch auch reduzieren.

Warmes Wasser können Sie zu jeder Gelegenheit und Tageszeit trinken, auf jeden Fall sollten Sie morgens ca. 1 l trinken. Auch Kräuter- und Früchtetees sind wertvolle

Getränke. Achten Sie jedoch auch hier auf die Empfehlungen für Ihr Dosha. Mit den richtigen Kräutern und Gewürzen können Sie es steuern und unterstützen.

+ = empfehlenswert
– = nicht empfehlenswert
o = neutral

Obst

Lebensmittel	Vata	Pitta	Kapha
gedämpftes Obst	+	o	–
Trockenfrüchte	–	+	+
Apfel	–	+	+
Birne	–	+	+
Wassermelone	–	+	–
Honig-/Winter-/Cantaloupemelone	+	+	–
süße Tropenfrüchte	+	o	o
Aprikose	+	–	+
Avocado	+	+	–
Banane	+	–	–
Beerenobst	+	–	+
Sauerkirsche	–	–	–
Süßkirsche	+	–	–
Feige (frisch)	+	+	–
Dattel (frisch)	+	+	–

Lebensmittel	Vata	Pitta	Kapha
Grapefruit/Pampelmuse	+	−	−
Orange	+	o	o
Pfirsich/Nektarine	+	−	+
Ananas	+	−	o
Pflaume (frisch)	−	+ (saure)	+
Kaki (Persimone)	−	+	+
saure Obstsorten	+	+	−
Preiselbeere	−	+	+
Traube (grün)	+	−	−
Traube (rot)	+	+	o
Zitrone	+	+	−
Rosine	o	+	+
Granatapfel	−	+	+
Erdbeere	−	o	o
Kiwi	+	−	−

Gemüse

Lebensmittel	Vata	Pitta	Kapha
rohes Gemüse	−	+	+
gekochtes Gemüse	+	+	o
scharfe Gemüsesorten	+	−	+
süße Gemüsesorten	+	+	−
bittere Gemüsesorten	+	+	+
Artischocke	−	+	+
Aubergine	−	−	+
Brokkoli	−	+	+

Lebensmittel	Vata	Pitta	Kapha
Blumenkohl	−	+	+
Blattgrün*	−	+	+
Chicoree	−	+	−
Erbse	−	+	+
Chinakohl	−	+	+
Fenchel	+	+	+
Grünkohl	−	+	+
grüne Bohne	−	+	+
Gurke	+	+	−
Kohlrabi	−	−	+
Kürbis (Winter)	−	+	+
Kürbis (Sommer)	+	+	−
Mais	−	−	+
Mangold	−	+	+
Olive (grün)	−	−	−
Olive (schwarz)	+	−	−
Rotkohl	+	−	−
Weißkohl	−	+	+
Rosenkohl	−	+	+
Pilze	−	+	+
Petersilie	−	+	+
Paprika (rot, gelb, grün)	−	+	+
Peperoni (scharf)	−	−	+
Radicchio	−	+	+
Rettich (roh)	−	−	+
Rettich (gekocht)	+	+	+
Kartoffel	−	+	+

Lebensmittel	Vata	Pitta	Kapha
Süßkartoffel	+	+	–
Spinat*	+	–	+
Sprossen/Keimlinge*	–	–	+
Tomate (gekocht)	+	+	+
Tomate (roh)	–	–	–
Schalotte	+	–	+
Spargel	–	+	+
Salat*	–	+	+
Rote Bete	–	+	–
Knoblauch	–	+	–
Karotte (roh)	–	–	+
Karotte (gekocht)	+	o	+
Lauch	+	+	–
Okraschoten	+	+	+
Zwiebel (gekocht)	+	o	+
Zwiebel (roh)	–	–	+
Zucchini	+	+	–
Stangensellerie	–	+	+
Staudensellerie	–	+	+
eingelegtes Gemüse/Pickles	+	–	–

Getreide

Lebensmittel	Vata	Pitta	Kapha
Gerste	–	+	+
Buchweizen	–	+	+
Mais	–	–	+
Hirse	–	–	+

Lebensmittel	Vata	Pitta	Kapha
Hafer	+	+	−
Roggen	−	−	+
Reis (weiß)	+	+	−
Reis (braun)	+	−	−
Basmatireis	+	−	−
Weizen	+	+	−
Amaranth	+	+	+
Couscous	−	+	+
Quinoa	+	+	+
Dinkel	+	+	−
Kamut	+	+	−
Gemischte Getreideflocken	−	+	+
Haferkleie	−	+	+

Fleisch

Lebensmittel	Vata	Pitta	Kapha
Lamm	−	−	−
Schwein	−	−	−
Hase	−	+	+
Wild	−	+	+
Rind	+	−	−
Huhn	−	+	o
Truthahn	+	−	−

* Diese Gemüsesorten können in Maßen roh oder gedämpft mit Öl angemacht oder leicht gebraten gegessen werden.

Fisch & Meeresfrüchte

Lebensmittel	Vata	Pitta	Kapha
Meeresfrüchte	+	–	–
Schalentiere	+	o	+
Hecht	+	o	o
Lachs	+	–	–
Sardine	+	–	–
Thunfisch	+	–	–
Rotbarsch	+	o	o

Hülsenfrüchte

Lebensmittel	Vata	Pitta	Kapha
Azukibohnen	–	+	+
Schwarze Linsen	+	–	–
Rote Linsen	–	+	–
Braune Linsen	–	o	+
Sojabohnen	–	+	–
Mungbohnen	+	+	o
Rote Bohnen	+	+	–
Schwarze Bohnen	–	+	+
Weiße Bohnen	–	+	+
Erbsen	–	+	+
Erdnüsse	+	–	–
Kichererbsen	–	+	+

Sojaprodukte

Lebensmittel	Vata	Pitta	Kapha
Miso	+	–	–
Sojajoghurt	+	–	–
Sojamehl	–	+	–
Sojamilch	+	–	–
Sojasoße	+	–	–
Tamari	–	+	+
Tempeh	–	+	+
Tofu	+	+	o –

Nüsse & Samen

Lebensmittel	Vata	Pitta	Kapha
Haselnüsse	+	–	–
Walnüsse	+	–	–
Mandeln	+	–	–
Kokosnüsse	+	+	–
Cashews	+	–	–
Pekannüsse	+	–	–
Leinsamen	+	–	–
Sesamsamen	+	–	–
Chia-Samen	+	–	–
Sonnenblumenkerne	+	+	+
Kürbiskerne	+	+	+
Mohnsamen	+	–	+
Paranüsse	+	–	–
Pistazien	+	–	–

Süßmittel

Lebensmittel	Vata	Pitta	Kapha
Weißer Zucker	−	+	−
Brauner Zucker	+	+	−
Honig (roh)	+	−	+
Stevia	+	+	−
Melasse	+	−	−
Ahornsirup	+	+	+
Fruchtzucker	−	−	+

Ei & Milchprodukte

Lebensmittel	Vata	Pitta	Kapha
Eigelb	+	−	−
Ei (ganz)	+	+	+ o
Butter	+	+	−
Hüttenkäse	+	+	+
Joghurt	+	+	−
Lassi	+	+	+
Frischkäse (ohne Salz)	+	+	−
Käse (hart)	o	−	−
Käse (weich)	+	+	−
Ziegenkäse	+	+	−
Süße Sahne	−	+	+
Saure Sahne	+	+	+
Buttermilch	o	+	+
Kuhmilch (erhitzt)	+	+	−
Kuhmilch (kalt)	−	−	−

Lebensmittel	Vata	Pitta	Kapha
Ziegenmilch	+	+	+
Ghee	+	+	+ (in Maßen)

Öle

Lebensmittel	Vata	Pitta	Kapha
Olivenöl	+	+	−
Mandelöl	+	−	−
Maisöl	−	−	+
Sesamöl	+	−	−
Kokosöl	+	+	−
Sonnenblumenöl	+	+	−
Sojaöl	−	+	o −
Leinöl	−	+	+
Kürbiskernöl	+	+	−

Algen

Lebensmittel	Vata	Pitta	Kapha
Agar Agar	+	+	−
Chlorella	−	+	+
Dulse	+	−	−
Hijiki	+	+	−
Kelp	+	−	−
Kombu	+	+	−
Nori	+	+	−
Spirulina	+	−	−

Rezepte

 Vata Pitta Kapha

Alle Rezepte sind für 2 Personen berechnet, falls nicht anders angegeben.

Es schadet nicht, auch mal ein Gericht zu probieren, das nicht für den eigenen Typ empfohlen wird. Sie sollten sich lediglich bewusst sein, dass dies unter Umständen Ihr Dosha irritiert. Dies äußert sich aber üblicherweise nicht unmittelbar, wenn Sie nicht größere Mengen davon essen oder über einen längeren Zeitraum ungeeignete Speisen zu sich nehmen. Wenn aber z. B. ein Vata-Typ sehr viel Rohkost verzehrt, wird seine Verdauung sich verschlechtern und er oft frieren, auch wird seine Haut weniger strahlend sein. Ebenso ungünstig wäre es, als Pitta-dominierte Person sehr viele scharfe Speisen zu sich zu nehmen.

Alle Zutaten sollten nach Möglichkeit aus biologischem Anbau stammen. Gerade bei Produkten, die Sie nur im Asialaden finden, ist das aber leider nicht immer möglich. Deswegen stelle ich Ihnen einige »europäische« Alternativen vor. Achten Sie auch beim Wasser auf hohe Qualität.

Europäische Alternativen zu verschiedenen Zutaten

- **Asafoetida:** Fenchelkraut (ansonsten als Pulver im Asialaden erhältlich)
- **Curryblätter:** glatte Blattpetersilie
- **Rampablätter:** Lauchgrün
- **Koriandergrün:** Petersilie oder frische Minze (als Alternative, da viele den Geschmack von Koriander nicht mögen)
- **Goraka:** Tamarindenmus (im Reformhaus erhältlich)
- **Palmsirup:** Ahornsirup
- **Ghee:** Eigentlich gibt es keinen Ersatz für Ghee. Wer es nicht selbst herstellen möchte, bekommt es in Spezialgeschäften und sehr gut sortierten Supermärkten oder kann Butter oder ein gutes Öl verwenden. Der Geschmack der Speise ändert sich dadurch allerdings.
- **Tamarinde:** Zitronensaft. Das Aroma wird allerdings verändert.

Mandelsmoothie mit Lavendel und Sesam

Der Smoothie ist weich, wärmend, leicht scharf und nussig mit eleganten, blumigen Aromen. Wunderbar nach einem kalten Tag! Mit hellem Zucker ist das Rezept kühlender. Dunkle Zucker sind eisenhaltig und wärmen den Körper. Sesam gibt ebenfalls Wärme, er beruhigt und nährt Vata.

- ✳ 230 ml Mandelmilch ✳ 3 EL Sesam
- ✳ 1 TL brauner Zucker
- ✳ Lavendelblüten/-samen
  (je nach Geschmack 1 Prise bis 1 TL)

Sesamsamen in einer Pfanne trocken anrösten, das macht sie leichter verdaulich. Anschließend in einer Kaffeemühle mahlen. Alle Zutaten vermengen.

Verdauungsfördernder Kräuterwein

- ✳ 1 Flasche Rotwein (alternativ alkoholfreier Wein)
- ✳ je 1 TL Zimt, Kardamom, Nelke, Ingwer, Fenchel
- ✳ je ½ TL Kümmel, Koriandersamen, Muskat,
  schwarzer Pfeffer

Wein erhitzen, aber nicht kochen. Vom Herd nehmen und Gewürze zufügen. Alles ca. 10 Minuten ziehen lassen. Durch ein Tuch oder ein Sieb gießen, um die Gewürze zu entfernen, und noch warm servieren.

Einer für alle

- 80 g Mangold * 50 g Wirsing
- 5 Datteln in Rohkostqualität
- 1 vollreife Kaki * 1 EL Sole * 300 ml Wasser
- Saft 1 Limette * einige Senfkörner
- 1 Prise Zimtpulver * 1 Prise Kurkumapulver
- 1 Prise Kubebenpfeffer (in Spezialitätenläden erhältlich, alternativ schwarzer Pfeffer)
- 1 cm Ingwer * 1 cm Chilischote
- 1 EL Agavendicksaft (alternativ anderes natürliches Süßungsmittel)

Mangold- und Wirsingblätter gut abspülen und in grobe Stücke schneiden. Kaki waschen und in grobe Stücke schneiden. Kohlblätter und Kaki zusammen mit Datteln, Limettensaft und Gewürzen in einen Mixer geben. Ingwer schälen und zusammen mit der Chilischote in den Mixer geben. Mit Wasser je nach gewünschter Konsistenz auffüllen. Sole und Agavendicksaft dazugeben und alles zu einem feinen Smoothie pürieren.

Nari-Smoothie

1–2 Gläser

»Nari« kommt aus dem Sanskrit und bedeutet »Frau«. Dieses Getränk ist also nur für die Damen gedacht. In unserer westlichen Kultur wird die Bedeutung des Zyklus sehr unterschätzt. Die monatliche Blutung dient nicht nur der

Möglichkeit der Empfängnis, sondern auch der Reinigung des weiblichen Körpers. Dieser Smoothie enthält einige wertvolle Inhaltsstoffe für die Gesundheit der Frau:

- Schwarzer Sesam reduziert Krämpfe sowie extremen Blutfluss und enthält wertvolles Eisen.
- Amalaki enthält Vitamin C, sorgt für die Regeneration von Gewebe und erhöht die Anzahl der roten Blutkörperchen.
- Shatavari ist das wichtigste Kraut für alle Phasen im weiblichen Leben. Das ayurvedische Geschenk an die Frauen!

Genießen Sie den wundervollen Effekt dieses Smoothies, ganz besonders während der Menstruation.

* 1–2 EL schwarzer Sesam
   (über Nacht eingeweicht)
* 4–5 EL Kokosflocken (evtl. eingeweicht)
* 4 Datteln * ½ TL Zimt
* ½ TL frisch geriebener Ingwer/Ingwersaft
* ½ TL Amalaki-Pulver*
* ¼ TL Shatavari-Pulver*

Alle Zutaten, auch das Einweichwasser, in einen Mixer geben und pürieren. Je nach gewünschter Konsistenz Wasser hinzufügen.

* Die Pulver sind in Online-Shops erhältlich. Für sie gibt es leider keine europäische Alternative.

Kühlender Gurkensmoothie

1 Portion

Für Vata-Typen ist dieser Drink nur an besonders heißen Tagen oder zur Rehydrierung zu empfehlen. Er wirkt stark Pitta-kühlend durch den Kümmel, der aber auch für die anderen Doshas eine gute Quelle für Eisen, Kupfer, Selen und weitere wertvolle Mineralien ist und das Verdauungsfeuer in Schwung bringt.

* 2 Salatgurken ✳ 1 grüne Birne
* ½ cm Ingwer ✳ 1–2 TL Kümmelsamen
* ½ TL Honig
  (alternativ Süßungsmittel Ihrer Wahl)

Birne vierteln und Kerngehäuse entfernen. Ingwer schälen und reiben. Gurke in grobe Scheiben schneiden. Alle Zutaten mit 200 ml Wasser im Mixer pürieren.

Ingwer-Elixier

Unser Darm als Hauptsitz von Vata hat besonders im Herbst (Vata-Zeit) Probleme, das Verdauungsfeuer ordentlich brennen zu lassen, was sich dann in den typischen Symptomen wie trockener Haut, rissigen Lippen u. Ä. äußert. Typische Anzeichen für eine Vata-Störung sind auch Blähungen und andere Verdauungsstörungen. Diese sind oft bei Pitta-Typen zu beobachten. In solchen Fällen ist dieser Drink auch für sie zu empfehlen.

* 1 cm Ingwer * Saft ½ Zitrone
* 1 TL Ahornsirup/Honig
* ¼ TL gemahlener schwarzer Pfeffer
* 1 Prise Himalajasalz

Ingwer schälen und reiben. Alle Zutaten mit 200 ml Wasser im Mixer pürieren.

Kokosnuss-Chai

Reich an Super-Food-Gewürzen ist dieser köstliche Kokosnuss-Chai voll von Antioxidantien. Er ist ein hervorragendes Anti-Aging und beugt Krankheiten vor. Er wärmt wunderbar an kalten Tagen und vor dem Schlafengehen. Am Morgen weckt er die Lebensgeister und ist eine hervorragende Alternative zu Kaffee. Anstelle von schwarzem Tee kann auch grüner Tee verwendet werden. Dazu passen wunderbar noch ein paar Stücke frischer Ingwer in der Mischung.

- ✳ 1 TL Chai-Teemischung (Muskat, Nelken, Kardamom, Ingwerpulver, Zimt, Süßholzwurzel, Schwarzteeblätter)
- ✳ 1 Sternanis ✳ 2 grüne Kardamomkapseln
- ✳ 1 TL Zimtpulver
- ✳ 200 ml Kokosmilch (alternativ Nussdrink)
- ✳ Honig zum Abschmecken

Chai-Mischung mit 400 ml Wasser und Gewürzen in einen Topf geben und zum Köcheln bringen, dann Hitze reduzieren. Abgedeckt 10 Minuten ziehen lassen. Durch ein feines Sieb gießen und Tasse zu zwei Dritteln füllen. Mit Kokosmilch auffüllen und mit Honig abschmecken.

Vegetarischer Tee

Ca. 4 Tassen

Diese Suppe läuft unter der Bezeichnung »Tee«, da sie fast geschmacklos ist, abgesehen von einem Hauch Ingwer und einer leichten Gemüsenote.

Der Säurelevel in unserem Körper beeinflusst stark unsere Gesundheit. Ist er zu hoch, tendieren wir zu Krankheiten, altern frühzeitig und bieten Krebszellen eine perfekte Umgebung für ihr Wachstum. Viele unserer Lebensmittel haben einen zu hohen Säuregehalt, daher sollten wir darauf achten, diesen durch entsprechende Lebensmittel auszugleichen. Dieses Rezept ist basisch.

Sie können die Brühe in eine Thermoskanne füllen und über den ganzen Tag verteilt trinken. Genießen Sie sie pur, oder experimentieren Sie mit ein bisschen Honig oder einer Prise Salz und Pfeffer.

* 1 Stange Sellerie * 1 kleine oder ½ große Zucchini
* 200 g frische Petersilie * 150 g grüne Bohnen
* 2 cm frischer Ingwer * ¼ Zitrone

1 l Wasser in einem mittelgroßen Topf zum Kochen bringen. Alle Lebensmittel klein schneiden, den Ingwer in Scheiben schneiden und alles in den Topf ge-

ben. Entweder ein paar Scheiben Zitrone mitkochen oder am Schluss den Saft zugeben. Auf niedriger Hitze 30 Minuten köcheln lassen.

Tee zum Abnehmen und Verjüngen

Ergibt 2,5–3 l

Dieses wunderbare Rezept habe ich von Dharma Singh Khalsa, einem medizinischen Forscher im Bereich Alzheimer. Es wird seit Jahrhunderten verwendet, um Fettgewebe abzubauen, ist der Schönheit und Jugend der Haut zuträglich, reinigt die Schleimhäute des Darms und ist eine hervorragende Vitamin-C-Quelle. Der Tee wirkt wasserausleitend, gleicht den Appetit aus und reduziert Heißhungergefühle. Trinken Sie 2 oder 3 Gläser pro Tag zur Gewichtsreduzierung. Dieser Tee ist für alle 3 Doshas geeignet, am besten aber für Pitta- und Kapha-Typen, die übermäßig viel Flüssigkeit oder Toxine im Körper angestaut haben.

Der Tee kann bis zu 1 Woche im Kühlschrank aufbewahrt werden. Mit den Zutaten können Sie noch einmal dieselbe Menge Tee aufkochen.

* 60 g frische/50 g getrocknete Minzblätter
* 230 g Kümmelsamen
* 1 EL frische/konzentrierte Tamarinde
  (aus dem Asialaden)
* ½ TL Kala Namak (»schwarzes Salz«
  aus Pakistan oder Indien)
* 4 Zitronen
* ½ EL gemahlener schwarzer Pfeffer
* 1 TL Fenchelsamen (wenn gewünscht)

Zitronen in Scheiben schneiden. Alle Zutaten mit 3 l gefiltertem Wasser in einen Topf geben und aufkochen. Hitze reduzieren und zugedeckt ca. 2 Stunden weiterköcheln lassen. Falls zu viel verdampft, bis zu 2 Tassen Wasser zufügen. Abseihen und warm oder kalt trinken.

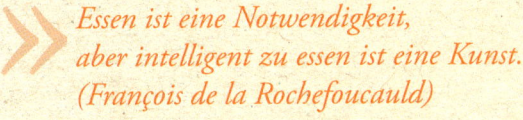
Essen ist eine Notwendigkeit,
aber intelligent zu essen ist eine Kunst.
(François de la Rochefoucauld)

Müsli

Kalte Cerealien und Kuhmilch sind keine gute Lebensmittelkombination, denn sie verschleimen den Körper stark. Experimentieren Sie mit Alternativen wie Mandel-, Reisdrink und ähnlichen Produkten. Ingwer hilft, Milch zu verdauen.

* Ihre Lieblingsmischung vollwertiger Cerealien
* ½ cm Ingwer * ¼ Zitrone
* etwas geriebene Zitronenschale
* ½ TL brauner Zucker (alternativ 1 TL Honig)
* 340 ml Wasser/Mandel-/Sojadrink

Ingwer schälen und hacken. Zitrone schälen oder auspressen. Alle Zutaten vermischen und über die Cerealienmischung geben.

Kürbis-Quinoa-Paratha

Der süße, erdige Geschmack von Kürbis gleicht Vata und Pitta aus. Quinoa ist für alle 3 Doshas empfehlenswert. Genießen Sie die Paratha mit einem frisch zubereiteten Chutney Ihrer Wahl.

* 170 g eingeweichte (evtl. gesprossene) Quinoa
* ¾ EL gekochtes Kürbismus
* 2–3 TL Kümmelpulver * 2 cm Ingwer
* je 1–2 TL Kurkumapulver und rote Chiliflocken/gemahlener schwarzer Pfeffer
* 2 EL kalt gepresstes Kokosöl * Salz

Ingwer schälen und reiben. Alle Zutaten in einem Mixer pürieren. Langsam so viel Wasser hinzufügen, dass eine teigähnliche Konsistenz entsteht (etwas dünner als Pfannkuchenteig). Eine Pfanne mit etwas Kokosöl erhitzen. Den Teig gleichmäßig in der Pfanne verteilen und von beiden Seiten goldbraun anbraten. Insgesamt 4–6 Paratha ausbacken.

Dosha-Genießerfrühstück

Je für 1 Person
Dieses Frühstück befriedigt Vata das ganze Jahr hindurch, Pitta und Kapha im Winter und im Frühling. Es ist voller Geschmack, Energie und Ballaststoffe und wunderbar bekömmlich. Die Zubereitung ist etwas langwierig, aber man kann das Getreide auch am Abend zuvor köcheln lassen und am Morgen noch einmal mit den restlichen Zutaten 10 Minuten kochen.

Vata-Weizenfrühstück
- * 50 g Weizenkörner (alternativ brauner Basmatireis) * 1 Apfel, klein geschnitten * 6 Datteln
- * 1 EL Kokosflocken
- * 1 Schuss Stevia (alternativ Honig)
- * 1 Prise Zimt * einige Tropfen Vanilleessenz

Pitta-Weizen- oder Gerstenfrühstück
- * 50 g Weizen-/Gerstenkörner * 1 Apfel, klein
  geschnitten * 8 Trockenpflaumen
- * 1 EL Kokosflocken * 1 EL Ahornsirup
- * einige Tropfen Vanilleessenz

Kapha-Kamutfrühstück
- * 50 g Kamutkörner (alternativ Hirse/Buchwei-
  zen) * 1 Apfel, klein geschnitten
- * 8 Trockenpflaumen * 1 EL Kokosflocken
- * ein Schuss Stevia (alternativ Honig)
- * 1 Prise Zimt * einige Tropfen Vanilleessenz

Getreide mindestens 12 Stunden in 200 ml Wasser
einweichen. Anschließend waschen und mit 200 ml
frischem Wasser aufkochen. 1 Stunde köcheln lassen,

bis das Getreide aufgequollen und bissfest ist (30 Minuten für Reis und Gerste). Restliche Zutaten hinzugeben und weitere 10 Minuten kochen.

Porridge mit Nelken

1 Portion
Dieses Frühstück ist alkalisierend, glutenfrei und beruhigend. Nelken erzeugen Wärme, sind gut für die Leber und öffnen die Poren. Im Winter halten sie Kapha warm. Ein gutes Winterfrühstück, für Vata auch in den warmen Monaten geeignet. Kardamom gleicht die schleimige Beschaffenheit des Gerichtes aus.

* 1 Msp. Ghee/Butter
* 2 TL Ahornsirup (alternativ dunkler Honig)
* 1 Msp. Kardamom
* 30 g grobe Haferflocken
* ⅛ TL Nelken

240 ml Wasser zum Kochen bringen. Alle Zutaten hinzufügen und auf niedriger Stufe kochen, bis die Flocken weich sind.

Gewürzte Pampelmuse

Dies ist auch ein toller Snack. Der reinigende Geschmack der Pampelmuse stimuliert den Fluss der Galle, verdünnt sie und regt den Ausfluss in den Dünndarm an. Die Gallenflüssigkeit ist unsere Autobahn zur Fettverstoffwechslung. Die Pampelmuse gibt dem Metabolismus sozusagen einen »Kickstart«.

* 2 rote Pampelmusen (Weiße können auch verwendet werden, sind aber bitterer und belasten Vata daher mehr.)
* 1 TL Honig * 1 Prise Ingwerpulver
* 1 Prise Kardamom (wenn gewünscht)

Pampelmusen schälen und in dünne Scheiben schneiden. Ingwer und Kardamom mit dem Honig zu einer würzigen Paste vermengen und über die Pampelmusen geben.

Cremige Reissuppe

Diese wärmende Frühstückssuppe beruhigt alle Doshas und ist besonders hilfreich in der kalten Jahreszeit.

* 20 g Basmatireis * 1 Knoblauchzehe
* 20 g Koriandersamen/
  mehrere Prisen Korianderpulver
* 1 EL Ghee * 1 Prise Pfeffer * ¼ TL Mineralsalz

Um die Reissuppe cremig zu machen, den Reis entweder vor dem Kochen mahlen oder nachher mit einem Stabmixer leicht pürieren. Knoblauch hacken. Knoblauch und Koriander im Ghee anbraten. Ca. 400 ml Wasser zugeben und alles aufkochen lassen. Die restlichen Zutaten hinzufügen und unter Rühren erneut aufkochen. Hitze reduzieren und alles ca. 10 Minuten köcheln lassen, bis der Reis weich ist.

Zimthaferflocken mit Mandeln

Gibt man kalte Milch über Cerealien, verschleimt sie und macht das Getreide nahezu unverdaulich. Warme Milch mit Getreide hingegen »ölt« den Körper und macht ihn weich. Zimt und Kardamom helfen in diesem Rezept, die Milch verdaulicher zu machen. Sie können natürlich auch Nuss- oder Sojadrink verwenden.

* 2 EL Mandeln * ¼ TL Kardamom
* ¼ TL Zimt * 1 EL Ghee
* 1 EL Ahornsirup/Honig
* 200 ml Milch/Nuss-/Sojadrink*
* 50 g Haferflocken

Mandeln über Nacht einweichen, anschließend häuten. Mit den Haferflocken in einer Kaffeemühle (oder einem leistungsfähigen Mixer) mahlen. Alle Zutaten in

* Abhängig von der Trockenheit Ihres Körpers nehmen Sie die doppelte oder dreifache Menge. Wie erkennen Sie, wie trocken Ihr Körper ist? An der Trockenheit Ihrer Haut, am Glanz Ihrer Haare, an einem trockenen Mund und schlechtem Atem, an der Tiefe der Fältchen vor den Ohren oder am einfachen Kneiftest auf dem Handrücken: Zieht sich die Haut direkt wieder elastisch zurück, sind Sie gut hydriert. Bleibt die Hautfalte kurz stehen, ist Ihr Körper nicht feucht genug.

einen Topf geben. Unter ständigem Rühren aufkochen und wenige Minuten köcheln lassen, bis die Grütze weich ist. Mit einer Prise Zimt garnieren.

Zum Abschluss der Frühstücke gebe ich Ihnen noch 2 Chutney-Rezepte, die z. B. wunderbar zu den Paratha passen, aber auch zu vielen anderen Gerichten eine schmackhafte Ergänzung sind.

Kokos-Chutney

Dieses Rezept ist für alle 3 Doshas geeignet, Kapha-Typen können aber die Menge an Asafoetida, Senfkörnern und Chili erhöhen. Das Chutney ist im Kühlschrank 2–3 Tage haltbar.

* 200 g Kokosraspeln (ungesüßt)
* 1 cm Ingwer * ½ grüne Chili
* 1 EL frischer Koriander
* 2 EL Ghee * ½ TL schwarze Senfkörner
* ½ TL Kümmelsamen * 1 Prise Asafoetida
* 4 Curryblätter * ½ Limette * ¼ TL Salz

Ingwer schälen und fein hacken, Chilischote hacken. Kokosraspeln, Ingwer, Chili und Koriander in einem Mixer pürieren. Nach und nach ca. 350 ml Wasser zu-

geben, bis eine samtige Konsistenz entsteht. Eine Pfanne erhitzen, Ghee, Senf und Kümmel, Asafoetida und Curryblätter hineingeben. Wenn die Samen springen, Gewürze zu der Kokosmischung geben. Limette auspressen und Saft zum Chutney geben. Dieses mit Salz abschmecken.

Minz-Chutney

Minze beruhigt Pitta, das Chutney sollte zu diesem Zweck aber ohne Chili und Curryblätter zubereitet werden.

* 250 g Minzblätter
* 100 g Kokosraspeln (ungesüßt)
* ½ grüne Chili * 1 cm Ingwer
* 1 EL Ghee * ½ TL Kümmelsamen
* ½ TL schwarze Senfsamen

* 1 Prise Asafoetida * 4 Curryblätter
* ½ Zitrone/Limette * ¼ TL Salz

Minzblätter waschen und lange Stiele entfernen. Ingwer schälen. Minze, Kokosraspeln, Chili und Ingwer mit 230 ml Wasser in einen Mixer geben und auf mittlerer Geschwindigkeit mischen, bis eine feine Paste entsteht. Eine Pfanne auf mittlerer Stufe erhitzen, Ghee, Kümmel und Senfkörner, Asafoetida und Curryblätter hineingeben. Vom Herd nehmen, sobald die Samen springen, abkühlen lassen und der Minzpaste beimengen. Zitrone auspressen und Saft unter das Chutney mischen. Dieses mit Salz abschmecken.

» *Unsere Körper sind unsere Gärten –*
unser Wille ist unser Gärtner.
(William Shakespeare)

Die ayurvedischen Suppen sind generell trotz ihres reichen Geschmacks sehr einfach zuzubereiten. Die Komplexität entsteht durch die besondere Vielfalt an Zutaten.

Spinatsuppe

Spinat ist süß, scharf und kühlend und kann Blähungen und Verstopfung hervorrufen. Er stimuliert aber Vata und Kapha in der Kombination mit den Gewürzen. Pitta-Typen sollten Spinat eher meiden.

* 800 g Spinat * 1 cm Ingwer
* ½ grüne Chilischote
* 1 kleine Handvoll Korianderblätter
* 2 EL Ghee * 1 TL Kümmelsamen
* 1 TL schwarze Senfkörner
* 1 Prise Asafoetida * 4 Curryblätter
* ¼ TL Salz * gemahlener schwarzer Pfeffer

Spinat putzen und hacken. Ingwer schälen und fein hacken. Chili hacken. Spinat mit 1,2 l Wasser in einem Mixer pürieren und in eine Schüssel geben. Nun Chili, Ingwer und Koriander mit 110 ml Wasser in den Mixer geben und gut pürieren.

Einen Topf auf mittlerer Stufe erwärmen, Ghee, Kümmel, Senfkörner, Asafoetida und Curryblätter hineingeben. Sobald die Samen zu springen beginnen, die beiden pürierten Mischungen mit Salz und 200 ml Wasser zugeben und alles gründlich verrühren. 10–15 Minuten leicht köcheln lassen. Vor dem Servieren mit schwarzem Pfeffer abschmecken.

Ayurvedische Gemüsesuppe

- ✳ je 10 g Karotten, Lauch, Weißkohl und Kohlrabi
- ✳ ¼ TL Pfefferkörner ✳ 1 TL Ghee
- ✳ 1 Zwiebel ✳ 2 Knoblauchzehen
- ✳ frischer Ingwer (nach Geschmack)
- ✳ 100 ml Kokosmilch ✳ 1 EL Weizenmehl
- ✳ 1 Zitrone ✳ grobes Meersalz

Das Gemüse in mundgerechte Stücke schneiden und zusammen mit den Gewürzen und dem Ingwer in einem Topf mit 1 l Wasser ca. 30 Minuten kochen lassen. In einem kleinen Topf das Ghee erhitzen und mit Weizenmehl anschwitzen. Die Mehlschwitze in die Suppe geben und alles 5 Minuten weiterkochen lassen. Zitrone auspressen. Kokosmilch zur Suppe geben, mit Zitronensaft und etwas Meersalz abschmecken.

Karotten-Ingwer-Suppe

Diese wärmende, relativ leichte Mahlzeit ist adstringierend, bitter, stechend und alkalisierend. D.h., sie wirkt basisch, fördert die Verdauung, reinigt das Blut und stärkt das Nervensystem.
Wenn Sie noch Kohlrabi zugeben, fügen Sie dem Gericht weitere Wärme hinzu.

- ✳ 1 Karotte ✳ 100 g Pastinake
- ✳ 300 g Kohlblätter ✳ ½ weiße Zwiebel
- ✳ ½ EL Sonnenblumenöl
- ✳ 1 cm Ingwer ✳ 1 Knoblauchzehe
- ✳ 15 g Sonnenblumenkerne
- ✳ ¼ TL Mineralsalz ✳ ¼ TL schwarzer Pfeffer

Karotte, Pastinake und Kohlblätter klein hacken. Zwiebel hacken und in einem großen Suppentopf in Sonnenblumenöl anbräunen. Ingwer und Knoblauch hacken und mit Pfeffer hinzugeben. Alles 30 Sekunden weiterbraten. Gemüse in den Topf geben und mit Wasser bedecken. Einmal aufkochen und auf niedriger Stufe weiterköcheln lassen, bis das Gemüse gerade gar ist. Währenddessen die Sonnenblumenkerne in wenig Öl anbraten. Die Suppe in Schüsseln geben, mit Salz bestreuen und die Sonnenblumenkerne darübergeben.

Mulligatawny-Suppe

Woher hat diese berühmte Suppe eigentlich ihren Namen? Wörtlich aus dem Tamilischen übersetzt heißt »Milaguthanni« einfach »Pfefferwasser«. Zum Glück schmeckt diese herrliche Suppe aber doch nicht einfach nur nach heißem Wasser mit Pfeffer.

* 400 ml Kokosmilch * 2 Kardamomkapseln
* 1 Gewürznelke * ½ Zimtstange
* 1 kleine Zwiebel * 1 Knoblauchzehe
* 3 EL Currypulver
* 1 TL gekörnte Gemüsebrühe
* ½ TL Kurkuma * Salz

Kardamom und Gewürznelke im Mörser zerstoßen. Knoblauch und Zwiebel hacken. Alle Zutaten in einen Topf geben und gut vermischen. Das Ganze bei mittlerer Hitze ca. 10 Minuten köcheln lassen. Vom Herd nehmen, durch ein Sieb streichen, mit Salz abschmecken und servieren.

Steinpilzcarpaccio

Pilze haben sehr viel Eiweiß, sind aber für Vata schwer zu verdauen. Sie sollten am besten leicht angebraten zum Mittagessen gereicht werden.

* 150–200 g Steinpilze (oder andere Pilze)
* 1 Eigelb (optional) * 1 EL Weißweinessig
* 1 TL Honig (alternativ Agavensirup)
* 1 EL Senf
* 50 ml Pflanzenöl (z. B. Sonnenblumenöl)

* ½ Zitrone * etwas Salz
* 3 EL Olivenöl * 50 g krauser Endiviensalat
* Chilipulver und Frühlingszwiebeln
  nach Geschmack

Eigelb mit Essig, Honig und Senf verrühren. Öl langsam mit dem Schneebesen einarbeiten. Zitrone unter
heißem Wasser gründlich waschen und abtrocknen.
Schale abreiben und Saft auspressen. Mayonnaise mit
Zitronenschale und Salz abschmecken. Zitronensaft
und Olivenöl mischen.
Salat waschen, trocknen und klein zupfen. Pilze mit
Küchenpapier säubern und in feine Streifen schneiden. Einen Teller mit dem Öl-Zitronensaft-Gemisch
einpinseln, Pilze darauf anrichten und mit dem Rest
beträufeln. Alles leicht salzen.
Mayonnaise über die Pilze geben, mit Chilipulver be-
stäuben und den Salat darauflegen. Frühlingszwiebeln
in kleine Ringe schneiden und Carpaccio damit gar-
niert servieren.

Ayurvedischer Kartoffelsalat

Kartoffeln sind kühlend und haben adstringierende Eigenschaften. Koriander und Minze gleichen die Schwere von Kartoffeln und Joghurt aus.

* 4 Kartoffeln * 1 TL Mineralsalz
* 240 g Joghurt (alternativ Sojajoghurt)
* 230 ml Wasser
* je 40 g Korianderblätter und Minze
* 1 TL Kümmel

Kartoffeln mit der Hälfte des Salzes einige Stunden vor dem Verzehr weich kochen und im Kühlschrank abkühlen lassen. Die restlichen Zutaten zusammen pürieren und kurz vor dem Servieren über die nach Vorliebe klein geschnittenen Kartoffeln geben.

Salat mit Blutorangen

- ✳ 300 g Endiviensalat
- ✳ 100 g rotblättriger Salat (z. B. Radicchio)
- ✳ 100 g Romanasalat ✳ 1 Blutorange
- ✳ ½ Zitrone ✳ 1 cm Ingwer
- ✳ ¼ TL Fenchelsamen
- ✳ 1 EL kalt gepresstes Olivenöl
- ✳ ½ EL Wasser ✳ 1 TL Honig

Salatblätter grob hacken und in eine Schüssel geben. Orange schälen und in Spalten teilen. Diese quer in Scheiben schneiden und zum Salat geben. Zitrone auspressen. Ingwer schälen und reiben. Fenchelsamen zu Pulver mahlen und in einer kleinen Tasse mit den restlichen Zutaten und dem Zitronensaft vermengen. Marinade über den Salat geben und locker umrühren.

Brauner-Reis-Salat

Um den Salat besser verdaulich zu machen, besonders für Vata, kann das Gemüse kurz gedämpft werden.

* 250 g gemischtes Gemüse entsprechend Ihrem Dosha (z. B. Vata: Fenchel, Gurke; Pitta: Spargel, Pilze; Kapha: Karotte, Sellerie)
* 150 g brauner Reis * 35 ml Olivenöl/Tahin
* 1½ EL Zitronensaft
* 2 EL gehackte Kräuter Ihrer Wahl
* Salz und Pfeffer

Reis in 500 ml Wasser kochen, dann mit Tahin bzw. Olivenöl, Zitronensaft, frischen Kräutern und dem klein geschnittenen Gemüse vermengen. Mit Salz und Pfeffer abschmecken und 2 Stunden ziehen lassen.

Scharfe Gurken

Diese leichte, klare, leicht säuerliche Vorspeise wirkt geweberreinigend und erhöht die Absorption von Mineralien.

* 1 Gurke * 1 TL Apfelweinessig
* 1 Prise Pfeffer * 1 Prise Cayennepfeffer
* weiße Zwiebel nach Belieben

Zwiebel hacken. Gurke schälen, entkernen und fein schneiden. Alle Zutaten vermengen.

Linsensalat mit Birne und Chicorée

Kapha-Typen können statt der Belugalinsen braune Linsen oder schwarze Bohnen verwenden.

* 25 g Belugalinsen ∗ ½ EL Dijonsenf
* ½ TL Senf ∗ 1 EL Weißwein (optional)
* ½ EL Weißweinessig ∗ 1 EL Ahornsirup
* 1 EL Sonnenblumenöl ∗ 1 EL Olivenöl
* 1 Birne ∗ ½ TL grober brauner Zucker
* 1 EL Zitronensaft ∗ 1 Chicorée
* 50 g Karotte ∗ 125 g geräucherter Tofu
* 1 EL Maiskeimöl ∗ 1 EL geraspelte Haselnüsse
* Salz und Pfeffer

Linsen in 15–20 Minuten bissfest kochen. Vinaigrette aus den beiden Senfsorten, Weißwein, Essig, Ahornsirup, Sonnenblumen- und Olivenöl mischen. Linsen

abgießen und mit kaltem Wasser abschrecken. Noch lauwarm mit der Vinaigrette vermengen. Mit Salz und Pfeffer abschmecken.

Birne in Spalten schneiden und in Zucker und Zitronensaft wälzen. Chicorée der Länge nach vierteln. Karotte schälen und in dünne Stifte schneiden. Tofu in Scheiben, dann diagonal in Dreiecke schneiden. Im Maiskeimöl von jeder Seite 2 Minuten anbraten. Haselnussraspeln dazugeben und kurz mitbraten, mit Salz abschmecken. Chicorée, Karottenstreifen und Birnenschnitze auf 2 Tellern anrichten, Linsen darübergeben. Mit den Tofuecken garnieren.

Lauwarmer Karotten-Rote-Bete-Salat

* 2 kleine Karotten * 70 g Rote Bete
* 1 EL Olivenöl * 10 ml Gemüsebrühe
* 1 Knoblauchzehe
* einige frische Thymianblättchen (alternativ Kräuter Ihrer Wahl)
* 1 TL Anissamen * 1 EL Tahin
* 1 TL Zitronensaft
* ca. ¼ TL abgeriebene Zitronenschale
* 20 ml Soja-Cuisine * 1 TL Sesamsamen
* Salz und Pfeffer

Ofen auf 220° C vorheizen (Umluft 180°). Karotten und Rote Bete schälen und der Länge nach vierteln. Öl und Gemüsebrühe vermengen. Knoblauch schälen und in feine Scheiben schneiden. Karotten und Rote Bete auf einem Backblech verteilen und Knoblauch, Salz, Thymian und Anis darübergeben. Mit der Ölmischung beträufeln und mit Alufolie bedeckt ca. 35 Minuten backen.

Tahin mit Zitronensaft und -schale vermengen, Soja-Cuisine hinzugeben und mit Salz und Pfeffer abschmecken. Sesamsamen in einer Pfanne trocken anrösten.

Soße vom Backblech mit dem Dressing vermengen und dieses über das Gemüse geben. Mit den Sesamsamen bestreuen und lauwarm oder kalt servieren.

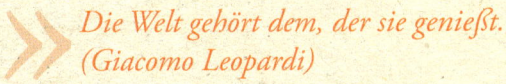

Die Welt gehört dem, der sie genießt.
(Giacomo Leopardi)

Ayurvedische Reiszubereitung

Reis ist ein vielseitiges und nahrhaftes Grundnahrungsmittel, das viel für die Zubereitung ayurvedischer Gerichte verwendet wird. Oft ist es Basmatireis, aber auch normaler weißer Reis oder Vollkornreis sind sehr beliebt. Basmatireis in kleinen Mengen ist gut für den Kapha-Typ. Der Vata- und der Pitta-Typ vertragen auch gut weißen oder Vollkornreis, ruhig etwas größere Portionen. Reiswasser als Getränk unterstützt die Entgiftung.

* 800 g Reis
* 3 TL Ghee/Olivenöl
* 1 TL Salz
* 1 Stück Ingwer (wenn gewünscht)

Ghee in einem Topf erhitzen und Reis unter Rühren 5 Minuten darin glasig andünsten. 2 l warmes Wasser, Salz und eventuell ein Stück Ingwer dazugeben und 20 Minuten zugedeckt köcheln lassen. Herd ausschalten und den Reis noch ca. 10 Minuten nachziehen lassen.

Grundrezept für Dhal

Dhal bezeichnet alle Hülsenfrüchte, also vor allem Linsen, Bohnen und Erbsen, und die daraus gefertigten Gerichte. Hülsenfrüchte sind gerade für Vegetarier eine wichtige Eiweißquelle und liefern B-Vitamine und Eisen. In der ayurvedischen Küche werden Dhal-Gerichte leicht püriert und als Beilage zu Reis- und Gemüsegerichten gegessen, aber auch als Vorspeise oder Suppe.

Getrocknete Hülsenfrüchte (z. B. Tellerlinsen, Kichererbsen, Mungbohnen …) unter fließendem kaltem Wasser waschen und mindestens 6 Stunden, am besten über Nacht, in qualitativ hochwertigem Wasser einweichen.

Einweichwasser abschütten und Hülsenfrüchte in einem Sieb kalt abspülen. Anschließend zusammen mit den gewünschten Gewürzen einen Fingerbreit mit salzfreiem Wasser bedecken (ohne Salz garen Hülsenfrüchte schneller) und ohne Deckel bei geringer Hitze garen. Ich koche gern eine gehackte Zwiebel, getrocknete Chilischoten, Kreuzkümmel, Kurkuma oder eine Gewürzmischung wie z. B. Garam Masala mit. Die Garzeit beträgt, je nach Hülsenfruchtart, 20–60 Minuten.

Dhal anschließend salzen, Kräuter zugeben und nach Bedarf pürieren. Sie können die Gewürze vorher auch in etwas Ghee andünsten und klein geschnittenes Gemüse wie z. B. Karotten, Staudensellerie oder Spinat mitgaren.

Vegetarisches Curry

Dies ist ein Grundrezept. Die verschiedenen Gemüsesorten wählen Sie bitte entsprechend Ihrem Dosha. Probieren Sie das Curry z. B. auch mit Lauch, Roter Bete oder Erbsen.

- ✳ 350 g gemischtes, klein geschnittenes Gemüse
- ✳ 2 EL Ghee ✳ 500 ml Kokosmilch
- ✳ je ½–1 EL Kümmel, Senfkörner und Asafoetida
- ✳ je ½ TL Kurkuma und Cayennepfeffer
- ✳ Salz ✳ ¼ Zitrone

Ghee erhitzen, Kümmel, Senfkörner und Asafoetida zufügen. Wenn die Samen springen, Kurkuma und Cayennepfeffer zugeben, dann Gemüse und Salz damit verrühren. Hitze reduzieren und Curry unter gelegentlichem Rühren bedeckt ca. 15 Minuten köcheln lassen. Mit einer Zitronenecke garnieren.

Lauwarmer Avocado-Gersten-Salat mit Basilikum

1 Portion
Basilikum unterstützt die Verdauung. Dieses herrliche Gericht ist beruhigend, ölig und säureausgleichend.

* 25 g Gerstenkörner
* je ⅛ TL Mineralsalz und schwarzer Pfeffer
* 1 mittelgroße Avocado
* 1 TL gehacktes Basilikum

Die Gerste in 700 ml Wasser mit Pfeffer und Salz einmal aufkochen lassen und auf mittlerer Hitze unter gelegentlichem Umrühren ca. 30 Min. weiterköcheln lassen. Avocado schälen, Kern entfernen und die Avocado mit einer Gabel zerdrücken. Wenn die Gerste weich ist, kurz abkühlen lassen. Avocado und Basilikum vorsichtig unterrühren, sodass das Getreide regelrecht grün wird.

Brokkolistampf mit Knoblauch und schwarzen Oliven

4 Portionen

Brokkoli mit Zitrone ist eine tolle Kombination für Kapha. Oliven und Zitronen bringen außerdem den Geschmack des Brokkoli hervor. Das Gericht ist warm, bitter und alkalisierend. Eine gekochte Kartoffel komplettiert diese gesunde Mahlzeit.

* 650 g Brokkoli * 1 rote Zwiebel
* 2 Knoblauchzehen * 50 g schwarze Oliven
* 2 EL Olivenöl * ⅛ TL Mineralsalz
* ⅛ TL schwarzer Pfeffer
* 1 Prise Cayennepfeffer * Saft ½ Zitrone

Brokkoli in Röschen teilen und dünsten, anschließend abgießen und nicht zu fein pürieren. Zwiebeln und Knoblauch schälen und klein hacken. Oliven entkernen. Knoblauch, Zwiebeln und Oliven im Olivenöl leicht anbraten. Alles mit dem Brokkoli mischen und mit Zitronensaft beträufeln.

Grünkohl mit Zitrone und Paprika

Bittere Nachtschattengewächse mit erwärmenden Bitterstoffen sind ein Mantra für das kalte Kapha. Sie verbessern die Durchblutung und reinigen und verdünnen das Blut. So kann die Energie besser fließen.
Dazu schmeckt dunkles Vollkornbrot oder auch Amaranth, das eine wertvolle Proteinquelle für Vegetarier darstellt.

* 500 g Grünkohl * Saft ¼ Zitrone
* 1 EL Sonnenblumenöl
* ⅛ TL rosenscharfes Paprikapulver
* ⅛ TL schwarzer Pfeffer * 1 Msp. Mineralsalz

In einer flachen Pfanne etwas Wasser erhitzen. Grünkohlblätter vom Strunk zupfen und Blätter in Stücke schneiden. Im Wasser aufkochen lassen. Die übrigen Zutaten hinzufügen und alles auf kleiner Stufe köcheln lassen, bis der Kohl eine stumpfgrüne Farbe annimmt.

Spitzkohlbällchen

Kohl ist eine gute Quelle von Vitamin C. Vata wird durch die trockenen, kühlen Eigenschaften des Kohls beeinträchtigt. Durch die Zugabe der richtigen Gewürze oder die Zubereitung mit genügend Fett kann aber auch das schwache Agni eines Vata-Typs Kohl gut verdauen. Spitzkohl und Kohlrabi z. B. unterstützen die Verdauung.

- ✳ 200 g Spitzkohl ✳ 1 Zwiebel
- ✳ 1 grüne Chili ✳ 3 TL Kreuzkümmelsamen
- ✳ 10 g Gomasio (asiatisches Sesamsalz)
- ✳ 1 Prise Asafoetida
- ✳ 250 g Dinkel-/Kichererbsenmehl
- ✳ 1 TL Meer- oder Steinsalz
- ✳ Ghee (alternativ Butterschmalz oder Pflanzenöl)

Zwiebel schälen und fein hacken, Chili entkernen und in feine Ringe schneiden. Spitzkohl putzen und klein hacken. Kreuzkümmel und Chili mit 1 EL Ghee in einer Pfanne anrösten. Zwiebel, Gomasio und Asafoetida dazugeben und Zwiebel glasig dünsten. Kohl dazugeben und kurz schmoren. Pfanne vom Herd nehmen, Mehl und Salz hinzufügen und mit den Händen aus der Masse ca. 14 Bällchen formen. Diese in reichlich Ghee in der Pfanne frittieren.

Kräutertofu mit geschmolzenen Tomaten

4 Portionen

Soja ist nahrhaft und empfehlenswert im Rahmen einer vegetarischen Diät. Es gleicht Vata und Pitta aus, für Kapha sollte Tofu sparsam eingesetzt werden, da er wie Käse schwere, ölige Eigenschaften hat. Zu stark fermentierte Sojaprodukte erhöhen auch Vata und Pitta, daher ist die Qualität des Tofus ausschlaggebend. Idealerweise sollte er in einem orientalischen/asiatischen Geschäft erworben werden, wo er möglichst frisch hergestellt wurde. Guter Tofu ist weich und schmeckt nach nichts. Er sollte innerhalb von 2 Tagen verzehrt werden. Je älter er wird, desto mehr fermentiert er, wird härter und erhält einen stärkeren, leicht sauren Geschmack. Solcher Tofu sollte vermieden werden, denn er ist schwer verdaulich und erhöht Pitta enorm. Generell ist es ratsam, Tofu nur sparsam zu verwenden.

* 400 g frischer Tofu
* 1 Bund Frühlingszwiebeln * 3 Schalotten
* 1 Knoblauchzehe * ½ Bund Schnittlauch
* 6 EL Olivenöl * 1 EL Kurkumapulver
* 150 g Seidentofu * 4 Tomaten
* Paprikapulver nach Geschmack
* einige Thymianzweige
  (oder Kräuter Ihrer Wahl)
* Salz und Pfeffer

Frühlingszwiebeln in Röllchen schneiden. Knoblauch, Schalotten und Schnittlauch fein hacken. Eine Pfanne mit 4 EL Öl erhitzen und die Schalotten darin glasig dünsten. Tofu zerbröckeln und zu den Schalotten geben. Mit Kurkuma bestreuen und kurz anbraten. Frühlingszwiebeln, Schnittlauch und Seidentofu hinzufügen und weiterbraten, bis die entstandene Flüssigkeit nahezu verdampft ist. Mit Salz, Pfeffer und Paprikapulver abschmecken und warm halten.

Tomaten vierteln und mit dem Knoblauch in 2 EL Öl anbraten. Thymianblättchen abzupfen und zugeben. Mit Salz und Pfeffer abschmecken und zusammen mit dem Tofu servieren.

Süß-saurer Porree mit Ziegenquark und Rosinen

Porree ist sattvig und wirkt, wie Knoblauch, gegen Tumore, Viren und schädliche Pilze im Körper. Er enthält Kaempferol, ein natürliches Flavon, das sich auch in Brokkoli, Blumenkohl und Kohl findet und beeindruckende gesundheitsfördernde Wirkungen aufweist.

* 8 kleine Porreestangen * 2 Lorbeerblätter
* 2 Knoblauchzehen * 3 EL Olivenöl
* 100 ml Zitronensaft (alternativ Weißwein)
* 20 g Rosinen * 1 rote Zwiebel
* 1 EL Apfelessig
* 2 TL brauner Zucker/Ahornsirup
* 100 g Ziegenquark (alternativ Sojaquark)
* 2 EL Sonnenblumenöl
* 1 EL Petersilien-/Kerbelblätter
* Salz und schwarzer Pfeffer

Knoblauch in feine Scheiben schneiden. Das Dunkel-
grüne vom Porree wegschneiden und Stangen halbieren. Gründlich waschen und in einer Pfanne verteilen.
Lorbeerblätter, Knoblauch, Zitronensaft, Olivenöl
und 250 ml Wasser hinzufügen, sodass die Stangen
bedeckt sind. ¾ TL Salz und etwas schwarzen Pfeffer
dazugeben und alles ca. 30 Minuten auf mittlerer Stufe
köcheln lassen, bis der Porree weich ist. Die Stangen
dabei 1–2 Mal umdrehen. Mit einem Schaumlöffel herausnehmen und beiseitestellen.

Soße durch ein Sieb gießen und in einem kleinen Topf
12–15 Minuten einkochen lassen, bis ca. 3 EL übrig
bleiben. Zwiebel fein hacken. Topf vom Herd nehmen,
Rosinen, Zwiebel, Essig, Zucker, eine gute Prise Salz
und etwas Pfeffer hinzufügen. Sonnenblumenöl in einer großen Pfanne erhitzen und Porree darin vorsichtig

2 Minuten andünsten, sodass er leicht bräunt. Abkühlen lassen und mit Quark, Soße und Kräutern garnieren.

Fenchelgemüse mit Kapern und Oliven

4 Portionen

* 4 mittelgroße Fenchelknollen (ca. 750 g)
* 3 EL Olivenöl * 15 Knoblauchzehen (ca. 75 g)
* 60 ml Zitronensaft * 2 EL Rotwein-/Apfelessig
* 1 Tomate * 250 ml Gemüsebrühe
* 20 g Kapern * 30 g schwarze Oliven
* 1 EL Thymianblätter
* 1 ½ TL brauner Zucker/Ahornsirup
* 100 g Ricotta (alternativ veganer Ricotta/ pürierte Cashews)
* 1 TL abgeriebene Zitronenschale
* Salz und Pfeffer * Olivenöl

Fenchel der Länge nach in 2 cm dicke Scheiben schneiden. Mit 2 EL Olivenöl in einer Pfanne auf mittelhoher Stufe zugedeckt anbraten, dann je eine Prise Pfeffer und Salz hinzufügen und offen 5–6 Minuten goldbraun braten, dabei einmal wenden. Bei Bedarf etwas Öl nachgeben.

Tomate würfeln. Oliven entkernen und halbieren. Knoblauch in einer weiteren Pfanne ungeschält 3 Minuten trocken anbraten, die Schale sollte leicht andunkeln. Bei Bedarf etwas Öl zugeben. Hitze reduzieren. Zitronensaft und Essig mischen und zum Knoblauch geben. Wenige Minuten einreduzieren lassen, bis ca. 2 EL Flüssigkeit übrig bleiben. Tomaten, 100 ml Gemüsebrühe, Kapern, Oliven, Thymian, Zucker, eine gute Prise Salz und etwas Pfeffer zugeben und alles 2 Minuten köcheln lassen. Den Fenchel und restliche Brühe dazugeben, Deckel aufsetzen und ca. 12 Minuten köcheln. Der Fenchel soll zart werden. In den letzten 2–3 Minuten offen kochen lassen, um die Soße eindicken zu lassen.

Fenchel auf Tellern anrichten, mit einem Klecks Ricotta garnieren, Zitronenschale darüberstreuen und mit Olivenöl beträufeln. Warm oder auf Raumtemperatur servieren.

Scharfer Spargel

Spargel ist zusammenziehend, süß, kühl und entwässernd. Er wirkt ausgleichend auf alle drei Doshas und leicht abführend. Vata kann etwas mehr Cayennepfeffer zufügen, Pitta mehr Kümmel und Kapha mehr Senfkörner.

- ✳ 350 g Spargel* ✳ 1 TL Ghee
- ✳ 1 Prise schwarze Senfkörner
- ✳ 1 Prise Kümmel
- ✳ 1 Prise Cayennepfeffer ✳ 1 Prise Salz

Harte Enden vom Spargel entfernen, weißen Spargel schälen. Stangen halbieren. Eine flache Pfanne erhitzen, Ghee, Senfkörner, Kümmel und Cayennepfeffer hinzufügen. Wenn die Samen zu springen beginnen, Spargel und Salz dazugeben und 4–5 Minuten sautieren. Pfanne bedecken, vom Herd nehmen und Spargel einige Minuten ziehen lassen.

* Sie können je nach Saison und Vorliebe grünen oder weißen Spargel verwenden. Im Ayurveda geht man von grünem aus, weil es in den Herkunftsländern ursprünglich keinen weißen Spargel gibt.

Quinoa-Pilaw

Quinoa gleicht alle drei Doshas aus, sie ist ein hervorragendes Pseudogetreide zum Entgiften und Abnehmen.
Um Quinoasprossen zu ziehen, reicht es, über Nacht 1 Tasse Getreide in 3 Tassen warmem Wasser stehen zu lassen.
Am nächsten Tag sollten kleine Sprossen entstanden sein.
Vor dem Verzehr abwaschen.

* 75 g Quinoa
* 400 g gemischtes Gemüse
  (nach Geschmack und Dosha)
* 1 EL kalt gepresstes Kokosöl
* 2 TL Currypulver
* 2 TL gemahlener Kümmel
* je 1 TL gehackter Ingwer und Knoblauch
* 1 TL Paprikapulver * 4 TL Zitronensaft
* einige Zweige Koriander * Salz

Für die Soße
* 50 g Koriander * 50 g Petersilie
* 1 cm Ingwer * 1 Knoblauchzehe
* 1 rote Chili * 20 g Kokosraspeln * Salz

Quinoa in 500 ml Wasser kurz aufkochen, dann ca. 15 Minuten köcheln lassen. Mit Salz abschmecken. Gemüse in Würfel schneiden, alle anderen Zutaten außer der Quinoa in einer Schüssel vermengen und über das Gemüse geben. Vata-Typen sollten das Gemüse 15–20 Minuten marinieren lassen, dann ist es besser verdaulich.

Für die Soße Kräuter, Ingwer, Knoblauch und Chili hacken. Alle Zutaten unter Zugabe von etwas Wasser zu einer Soße vermengen. Einige Minuten auf mittlerer Stufe köcheln. Quinoa dazugeben und einige Minuten köcheln.

Quinoa-Pilaw anrichten und Gemüse darauf verteilen.

Curry von gefüllten Paprikaschoten

* 4 mittelscharfe hellgrüne Paprikaschoten
* 1 TL gehackte Curryblätter
* 100 g weiße Zwiebel * 1 EL Sonnenblumenöl
* 1 EL gehackter Knoblauch
* ½ TL Salz * 1 TL Currypulver
* ¼ TL Chilipulver * 230 ml Kokosmilch

Zwiebeln hacken. Öl in einem Topf erhitzen und Zwiebeln mit Curryblättern darin goldbraun anrösten. Paprikaschoten waschen, Deckel abschneiden und Schoten entkernen. Zwiebelmasse in die Schoten füllen und in einen Topf geben. Die Hälfte der Kokosmilch mit den restlichen Gewürzen vermischen und über die Schoten geben. Bei mittlerer Hitze ohne Deckel 5 Minuten kochen lassen. Restliche Kokosmilch zugeben und nochmals 5 Minuten aufkochen, bis sie am Topfrand Blasen wirft.

Fruchtiges Mangoldgemüse

Mangold und andere Blattgemüse füllen die Flüssigkeit im Körper auf und reinigen so die feinen Kanäle im Körper.

* 700 g Mangold * 300 g rote Paprika
* 150 g Trockenfrüchte (z. B. Feigen, Aprikosen, Datteln, Pflaumen)
* 250 ml frisch gepresster Orangensaft
* 1 EL brauner Zucker
* 3 EL Ghee/¼ TL Sonnenblumenöl
* 1 Sternanis * 2 TL Majoran
* 2 TL Ingwer oder ¼ TL Ingwerpulver
* 2 Msp. Muskat * ¼ TL Pfeffer * Salz

Mangold mittelfein und Paprika in Würfel schneiden. Ingwer und Zucker in Ghee andünsten. Orangensaft, Mangold und Paprika dazugeben und anbraten, eventuell etwas Wasser dazugeben. Nach 3 Minuten Hitze reduzieren und zugedeckt 5 Minuten köcheln lassen. Trockenfrüchte und Sternanis dazugeben und alles 10–15 Minuten garen. Mit Salz, Majoran, Muskat, Pfeffer und braunem Zucker abschmecken.

Gurken-Kartoffel-Torte mit Radieschensalat

Reicht für ca. 6 Portionen
Für Kapha kann statt der kühlenden Gurke Fenchel verwendet werden. Radieschen hingegen sind mit ihren trockenen, bitteren und scharfen Eigenschaften sehr gut für Kapha.

* 800 g festkochende Kartoffeln
* 250 g Salatgurken * 2 EL Apfelessig
* 250 ml Gemüsebrühe * 150 g Soja-Cuisine
* 1 TL Kümmel * 1 TL Senfkörner
* 1 Sträußchen Dill * 150 g veganer Käse
* 1 Bund Radieschen * Blätter von 2 Roten Beten
* 1 EL Sonnenblumenöl * Salz

Kartoffeln ca. 20 Minuten in Salzwasser kochen. Gurken in Scheiben schneiden. 1 EL Apfelessig über die Gurken geben. Gemüsebrühe mit Soja-Cuisine, Kümmel- und Senfsamen einmal aufkochen, dann ca. 2 Minuten köcheln lassen. Dill hacken und hinzufügen. Ofen auf 220° C vorheizen (Umluft 180°).

Kartoffeln abkühlen lassen, pellen und in Scheiben schneiden. Gurkenscheiben ausdrücken und in einer Ofenform abwechselnd Gurken- und Kartoffelscheiben schichten. Dillsoße darübergeben und die Oberfläche mit dem Käse belegen. 30 Minuten im Ofen backen, bis die Oberfläche goldbraun ist. 10 Minuten ruhen lassen.

In der Zwischenzeit Radieschen waschen und vierteln. Rote-Bete-Blätter klein schneiden. Übrigen Essig und Sonnenblumenöl vermengen. Radieschen und Blätter damit marinieren, mit Salz abschmecken und zur Torte servieren.

Rühr-Kichererbsen

Dieses Gericht ist ein veganer Rührei-Ersatz. Vata-Typen sollten nur kleinere Mengen davon genießen.

- ✳ 100 g Kichererbsenmehl ✳ 1 Tomate
- ✳ 10 g klein geschnittenes Gemüse (z. B. Mais, Erbsen, Karotten, grüne Bohnen)
- ✳ ½ TL Senfkörner ✳ ½ TL Kümmel
- ✳ 1 Prise Asafoetida ✳ 4–5 Curryblätter
- ✳ ¼ TL Kurkuma ✳ ½ TL Korianderpulver
- ✳ ½ Zwiebel ✳ 2 EL Öl ✳ einige Korianderblätter

Zwiebel hacken. Öl in einer Pfanne erhitzen und Senfkörner zugeben. Sobald sie anfangen zu springen, Kümmel und Zwiebel hinzufügen und diese anbräunen. Asafoetida und Curryblätter zugeben. Salz, Tomaten und restliches Gemüse untermischen und alles gar kochen. In einer Schüssel Kichererbsenmehl mit 400 ml Wasser zu einer glatten Masse vermengen. Vorsichtig unter ständigem Rühren mit in die Pfanne geben. Anbraten, bis die Mischung leicht angebräunt ist.

Borschtsch

Dieses Gericht stammt eigentlich aus Osteuropa. Es kann das ganze Jahr über gegessen werden und ist mit Reis kombiniert ein wunderbares Abendessen, kann aber auch als Frühstück verwendet werden. Rote Bete ist ein hervorragendes Bluttonikum.

* 1 EL Ghee * 1 gehackte Stange Sellerie
* 1 Lorbeerblatt
* 4 mundgerecht geschnittene Rote Bete
* 1 geraspelte Karotte
* 1 mundgerecht geschnittene Kartoffel
* 100 g gehackte Rote-Bete-Blätter (alternativ Spinat/Grünkohl)
* Saft ½ Zitrone * 1 TL Salz
* 1 Prise Pfeffer * 1 Prise Paprikapulver
* 1 TL frischer oder ¼ TL getrockneter Dill
* 2 EL Joghurt * 2 EL gehackte Petersilie

Öl in einem großen Topf erhitzen und Sellerie darin dünsten, bis er weich ist. Lorbeerblatt, Rote Bete, Karotte, Kartoffel und 2 l Wasser hinzufügen. Bedeckt ca. 45 Minuten köcheln lassen, bis die Rote Bete weich ist. Blattgrün zugeben und weitere 10 Minuten köcheln. Zitronensaft, Salz, Pfeffer, Paprika und Dill unterrühren und heiß servieren. Mit 1 EL Joghurt und gehackter Petersilie garnieren.

Wärmender Kitchari

Für 3–4 Personen.
Kitchari ist gut bei verschiedenen Beschwerden, abhängig von den Zutaten. Die Basis sind jedoch stets Mungbohnen, Reis und verdauungsfördernde Gewürze, die zu einem weichen Eintopf verkocht werden. Das Gericht stimuliert die Verdauung und den Blutkreislauf.

* 100 g gewaschener Basmatireis
* 100 g gewaschene Mungbohnen
* 3 EL Ghee ∗ 1 TL Kümmel
* je 1 TL gemahlener Kurkuma, Koriander, Kardamom, schwarzer Pfeffer, Zimt und Mineralsalz
* je ½ TL gemahlener Kümmel und Nelken
* 2 Lorbeerblätter ∗ 1 EL Ingwer
* ½ Zwiebel ∗ 2 Knoblauchzehen
* 250 g frisch gehacktes Gemüse
* 250 g frisch gehacktes Grün (z. B. Spinat, Grünkohl, Mangold)
* gehackter Koriander/Petersilie ∗ etwas Tahin

In einem großen Topf 1 EL Ghee und Kümmel erhitzen. Leicht anbräunen, dann Reis und Mungbohnen dazugeben. Mit 1,4 l Wasser aufgießen und zum Kochen bringen, anschließend 45 Minuten köcheln lassen.

In einem kleinen Topf 2 EL Ghee, alle trockenen Gewürze und Lorbeerblätter für einige Minuten sautieren, dann gehackte Zwiebel, Knoblauch und Ingwer zugeben. Einige Minuten zusammen köcheln lassen, dann mit dem Grün und Gemüse zu Reis und Mungbohnen geben. Bedeckt weitere 20 Minuten köcheln. Um eine cremigere Konsistenz zu erhalten, die Hälfte des Kichadi in einem Mixer oder mit dem Stabmixer pürieren.

Mit den Kräutern und einem Klecks Tahin garnieren, nach Geschmack 1 Schuss Zitronensaft darübergeben.

Gemüsewahl für die einzelnen Doshas:
- Vata: Karotten, Spargel, Zucchini, grüne Bohnen, Erbsen, Spinat, Kürbis
- Pitta: Spargel, Sellerie, grüne Bohnen, Zucchini, grünes Blattgemüse, Erbsen (je nur 1 Nelke und Lorbeerblatt, Knoblauch reduzieren)
- Kapha: jegliches Gemüse außer Kürbis und Zucchini (nur mit Kräutern garnieren)

Tofu in Sesamkruste

Beilage für 4 Portionen, z.B. mit Reis, Suppe oder Salaten servieren.

- 1 fester Tofu (250 g) ✳ 2 EL Sesamöl
- 110 ml Tamari/Sojasoße ✳ 1 EL Ahornsirup
- 1 gehackte Knoblauchzehe
- 1 TL gehackter Ingwer
- 2 EL gehackte Frühlingszwiebel
- 30 g Sesamsamen

Tofublock halbieren, jede Hälfte in 4 ca. 1 cm dicke Scheiben schneiden. In einem flachen Behälter Sesamöl, Sojasoße, Ahornsirup, Knoblauch, Ingwer und Frühlingszwiebeln vermengen. Tofu hineingeben und gut mit der Marinade bedecken. Möglichst 30 Minuten im Kühlschrank ziehen lassen. In einer großen Pfanne

1 EL Öl erhitzen. Sesamsamen in eine flache Schüssel geben und jedes Tofustück darin wälzen. Nacheinander in die Pfanne geben und 5–10 Minuten von beiden Seiten braten, bis die Sesamkruste goldbraun ist.
Alternative: Panierte Tofustücke auf ein geöltes Backblech geben und 30 Minuten bei 170°C backen. Für Kapha-Typen bevorzugt.

Brokkoli und Mungbohnen aus dem Ofen

* 130 g Mungbohnen
* 350 g gehackte Brokkoliröschen
* 1–2 EL Zitronensaft
* 1 TL frischer gehackter Ingwer
* 2–4 EL frischer gehackter Koriander
* 4 EL Ghee * Meersalz und gemahlener Pfeffer

Mungbohnen waschen und in 1,5 l Wasser unter gelegentlichem Rühren kochen, bis sie weich sind. Zwischendurch Schaum abschöpfen. Bohnen abschütten und Brokkoli, Zitronensaft, Ingwer, Salz und Pfeffer vorsichtig mit ihnen vermengen. Eine flache Backform mit Ghee ausstreichen, Gemüse hineingeben und restliches Ghee darübergießen. Bei 180–200°C 20 Minuten lang backen. Mit Koriander garnieren.

Tridosha-Bohnen

Für Kapha sollte dieses Gericht mit ca. 150 g Paprika und Ingwer angereichert werden.

* 320 g getrocknete Erbsen/grüne Bohnen
* 1 EL Öl/Ghee * ½ TL Senfkörner
* ½ TL Kurkuma * ¼ TL Asafoetida
* 1 TL Meersalz * ½ TL Zitronen-/Limettensaft
* 1 TL Korianderpulver * ½ TL Zimtpulver
* ¼ TL mildes Currypulver

Erbsen einweichen, dann abgießen. Öl in einer großen Pfanne erhitzen und Senfkörner zugeben. Sobald diese springen, Kurkuma, Asafoetida, Erbsen, 1,5 l Wasser und die übrigen Zutaten hinzugeben. Deckel aufsetzen und alles ca. 1 Stunde köcheln lassen, bis die Bohnen weich sind und das ganze Gericht etwas eindickt.

 Der Missbrauch von Zeit, Intellekt und der Sinne ist die dreifaltige Ursache von Störungen des Geistes und des Körpers. (Charaka Samhita)

Pfirsichcarpaccio mit Blaubeeren und Minze

1 Portion

Blaubeeren kühlen den Geist, Minze ist erfrischend, aromatisch und unterstützt die Verdauung. Pfirsiche wärmen leicht und sind sauer. Das Gericht stimuliert die Verdauungsdrüsen und fördert die Darmfeuchtigkeit. Es kann als Nachtisch gereicht werden, eignet sich aber auch hervorragend als anregende Vorspeise.

* 2 Pfirsiche * 50 g Blaubeeren
* 1 EL frische Minze * ¼ TL Rohrzucker

Pfirsiche in dünne Scheiben schneiden (so erhält man mehr Fruchtoberfläche als bei Schnitzen und erhöht den Geschmack). Blaubeeren halbieren. Minze hacken und die Pfirsiche mit Zucker, Blaubeeren und Minze bestreuen.

Maronen-Vanille-Mousse

4 Portionen

Agar-Agar ist eine vegetarische Gelatine, die aus Seetang hergestellt wird. Durch seine kühlende Natur beruhigt es Hitzezustände wie z.B. Kopfschmerzen. Es gleicht alle Doshas aus, schmiert und beruhigt den Verdauungstrakt, bindet Giftstoffe und trägt damit zu deren Ausleitung bei. Außerdem ist es reich an Kalzium. Die Mousse muss vor Verzehr ca. 4 Std. im Kühlschrank ruhen.

* 100 g Maronencreme (aus dem Reformhaus)
* 1 Vanilleschote * 250 g veganer Frischkäse
* 30 g brauner Zucker
* 270 ml aufschlagbare Soja-Cuisine
* 175 ml Soja- oder Mandeldrink
* Salz * ¼ TL Agar-Agar
* 1 EL flüssiger Honig/Ahornsirup

Vanilleschote der Länge nach aufschneiden und das Mark herauskratzen. Frischkäse mit der Hälfte der Vanille und dem Zucker zu einer Mousse schlagen. 100 ml Soja-Cuisine aufschlagen und vorsichtig unterheben. In kleinere Gläschen füllen und in den Kühlschrank stellen.

Sojadrink mit der leeren Vanilleschote aufkochen, Vanille und eine Prise Salz hinzufügen. Schote herausnehmen. Agar-Agar einrühren und nochmals 2 Minuten kochen. Maronencreme und Honig hinzugeben und alles mit dem Stabmixer schnell durchmischen, sodass keine Klümpchen in der Masse bleiben. Restliche Soja-Cuisine aufschlagen. Sobald die Mousse anfängt, fest zu werden, die Sahne vorsichtig unterheben. Maronenmousse auf die Vanillecreme in den Gläschen geben und kalt stellen.

Avocadocreme

* 1 Avocado * ¼ TL Salz
* 2 TL brauner Zucker
* 240 ml Kokosmilch
* 2 Zitronenscheiben

Avocado schälen, Kern entfernen und Fleisch in grobe Streifen schneiden. Alle Zutaten gut vermischen und mit einem Stabmixer pürieren. Anrichten und mit einer Zitronenscheibe garnieren.

Tipp: Einige Spritzer Zitronensaft runden den Geschmack ab.

Lavendelkirschen

Am besten bereiten Sie dieses Dessert vor der Mahlzeit zu, sodass die Kirschen das Lavendelaroma und den wärmenden Cayennepfeffer richtig aufnehmen können.

* 300 g frische Kirschen
* 1 Prise Cayennepfeffer
* ½ TL Lavendelblüten

Kirschen waschen, Kerne und Stiele entfernen, Früchte halbieren. Lavendel in einem Mörser fein zermahlen und mit Cayennepfeffer mischen. Gewürze über die Kirschen geben und vorsichtig vermengen.

Kokospudding

* 1 EL Ghee ✳ 50 g brauner Zucker
* 100 g Kokosflocken (ungesüßt)
* 200 ml Kokosmilch ✳ 250 ml Sojadrink
* ½ TL Zimtpulver
* 1 TL Rosenwasser (wenn gewünscht)
* 3 gemahlene Kardamomkapseln
* 3 gehäufte EL Reismehl

Kokosflocken in etwas Wasser einweichen. Ghee in einer Pfanne erhitzen. Zucker hineingeben und schmelzen lassen. Kokosflocken, Gewürze, Kokosmilch und Sojadrink hinzufügen und aufkochen lassen. Vorsichtig das Reismehl mit dem Schneebesen einarbeiten und 3–4 Minuten rühren. Pudding in eine Schüssel geben und 2 Stunden erkalten lassen oder warm genießen.

Süße Karotten-Halva

Für Pitta kann die Halva z. B. mit Süßkartoffel oder Zucchini zubereitet werden.

- ✳ 3 große Karotten ✳ 2 TL Ghee
- ✳ 90 g Jaggery (alternativ brauner Rohrzucker)
- ✳ 4 gemahlene Kardamomkapseln
- ✳ ¼ TL Zimt
- ✳ 2 EL Kokosraspeln/gemahlene Mandeln
- ✳ 50 ml Soja-/Reisdrink

Karotten sehr fein raspeln und in einen Topf geben. 500 ml Wasser und alle anderen Zutaten außer dem Drink zugeben. Zugedeckt auf kleiner Stufe ca. 20 Minuten köcheln lassen, dann den Drink einrühren.

Apfelkompott

Ein wunderbares, altmodisches Rezept, das besonders Vata im Herbst ausgleicht und zur Jahreszeit passt. Dieses Gericht kann auch als Frühstück verwendet werden.

* 4 Äpfel
* 5 Feigen/getrocknete Aprikosen (über Nacht eingeweicht)
* 5 Datteln * 2 Handvoll Rosinen
* 2 EL Agavensirup (oder alternatives Süßmittel, aber kein Honig, da dieser nicht erhitzt werden sollte)
* je ½ TL Kardamom, Zimt und Muskat
* 1 TL geriebener Ingwer

Äpfel schälen, entkernen und klein schneiden. Datteln entkernen und hacken. Alle Zutaten mit 450 ml Wasser in einen Topf geben, einmal aufkochen und 10–15 Minuten köcheln lassen, bis die Äpfel weich sind. Etwas abkühlen lassen.

Ayurvedischer Früchtekuchen

* 200 g gehackte helle Rosinen
* ½ TL Salz * 300 g gehackte Walnüsse
* 200 g gehackte Kirschen
* 200 g gehackte Ananas (ungesüßt)
* 20 g geriebene Zitronenschale
* 80 g Kokosflocken * 60 ml Orangensaft
* 2 TL Stevia-Extrakt (alternativ anderes Süßmittel)

* 1 TL Muskat * ½ TL Kardamom
* ½ TL gemahlener Ingwer * 1 TL Backpulver
* 150 g Hafer-/Dinkelmehl

In einer mittelgroßen Schüssel Stevia mit Orangensaft mischen und Kirschen einrühren. Alles 1 Stunde unter gelegentlichem Umrühren einweichen lassen.

In einer großen Schüssel Rosinen, Nüsse, Kokosnuss und Zitronenschale mit dem Mehl mischen. Kirschen hinzugeben. Backpulver untermischen und Gewürze einrühren. Gehackte Ananas einarbeiten und Teig in eine gefettete und gemehlte Backform (Ø ca. 18 cm) geben. Bei 160° C 40–45 Minuten backen, dann abkühlen lassen.

Für die einzelnen Doshas:

ᴄ⁄ᴏ Vata: Rosinen zuvor einweichen.

ᴄ⁄ᴏ Pitta: Walnüsse durch Mandeln ersetzen.

ᴄ⁄ᴏ Kapha: Kirschen durch Preiselbeeren ersetzen, Walnüsse durch Sonnenblumenkerne, Ananas durch Erdbeeren oder Apfelmark, Kokosnuss durch Kürbiskerne.

Im traditionellen Ayurveda sind geregelte Essenszeiten essenziell, Zwischenmahlzeiten werden nicht empfohlen. Wir sollten drei ausgewogene Mahlzeiten am Tag zu uns zu nehmen, zwischen denen jeweils 3–4 Stunden liegen. So hat der Körper ausreichend Möglichkeit zum Verdauen. Je nach Zutaten braucht er 3–12 Stunden, um eine Mahlzeit zu verarbeiten. Fügen wir dem in der Verdauung befindlichen Speisebrei weiteres Essen hinzu, wird die Verdauungszeit verlängert. Unser Agni ist überfordert, und es kann zu Verstopfung und Blähungen kommen.

Für Vata-Typen können Zwischenmahlzeiten unter Umständen empfehlenswert sein, da sie stets Stärkung brauchen und meist keine üppigen Hauptmahlzeiten zu sich nehmen. Snacks können auch hilfreich sein, wenn man beruflich oder privat unterwegs ist und nicht dazu kommt, ausgewogen und gesund zu essen.

In jedem Fall ist es natürlich wichtig, dass die Snacks magenfreundlich sind. Backwaren, zuckerhaltige Müsliriegel und Ähnliches sind keine gute Wahl. Snacks mit Nüssen, Früchten, Gemüse und heilenden Gewürzen sind aus ayurvedischer Sicht die sinnvollere Alternative. Trinken Sie auch immer viel warmes Wasser, um die Verdauung zu unterstützen. Kalte Getränke stören die Verdauung extrem.

Honig-Senf-Wedges

* 4 Süßkartoffeln
* 150 g Honig (alternativ Agavensirup)
* 1 TL Senf * 1 EL gehackter Rosmarin

Süßkartoffeln in Spalten schneiden. Honig, Senf und Rosmarin in einer Schüssel vermengen und Süßkartoffeln darin wälzen. Süßkartoffelspalten in einer flachen Backform verteilen und 40–60 Minuten im auf 180°C vorgeheizten Ofen backen, bis sie leicht karamellisiert sind.

Brot aus dem Gemüsegarten

1 Kastenbrot, ca. 30 cm
Dieses Brot kann mit einem vegetarischen Aufstrich oder z.B. angemachtem Sojaquark auch eine wunderbare Vorspeise sein.

* 200 g Kartoffeln * 250 g Karotten
* 60 g gefrorene/30g eingeweichte getrocknete Erbsen

- ✳ 2 Sträußchen frische Kräuter (z. B. Dill, Schnittlauch, Kerbel)
- ✳ 200 g Maismehl
- ✳ 200 g Quinoa-/Amaranthmehl
- ✳ 2 TL Backnatron ✳ 1 EL Walnussöl
- ✳ 350 g Kefir ✳ Muskatnuss ✳ Korianderpulver
- ✳ Öl/Ghee zum Ausfetten ✳ Salz

Kartoffeln in Salzwasser gar kochen, pellen, abkühlen lassen und stampfen. Karotten schälen und je nach Größe halbieren oder vierteln. In wenig Salzwasser ca. 5 Minuten bissfest kochen. Erbsen gar kochen und unter kaltem Wasser abschrecken. Kräuter waschen und fein hacken.

Beide Mehlsorten mit dem Natron mischen. Kartoffeln, Walnussöl und Kefir unterrühren und Erbsen und Kräuter hinzufügen. Mit Salz, Muskatnuss und Koriander abschmecken.

Ofen auf 180° C vorheizen (Umluft 160°). Eine Back-form ausfetten. Eine Lage Teig einfüllen, darauf einige Karottenstücke geben. Diesen Vorgang wiederholen, bis Teig und Karotten aufgebraucht sind. Die oberste Schicht besteht aus Teig. Ca. 35 Minuten backen.

Energie-Mousse

Für Vata sollten die Trockenfrüchte gut eingeweicht oder kurz aufgekocht werden.

* 70 g Datteln (entsteint)
* 70 g Trockenaprikosen (ungeschwefelt)
* 30 g Cashews
* 5 Kakaobohnen/1 EL Kakaopulver
* 2 EL Carobpulver (optional)
* 1 EL Hanfproteinpulver
* 1 EL Leinmehl (gemahlene Leinsaat)
* 1 TL Hanföl

Alle Zutaten im Mixer pürieren. Bei Bedarf etwas Was-ser zugeben.

Chapati

Um Zeit zu sparen, kann der Teig am Vortag zubereitet und über Nacht im Kühlschrank aufbewahrt werden. Holen Sie ihn 1 Stunde vor dem Ausrollen heraus, damit er aufwärmt.

* 300 g Roggen-/Buchweizen-/Dinkel-/Gersten-mehl (auch gemischt)
* 1 TL Salz * 1 EL Ghee
* 1 TL Ajowan (Königskümmel, alternativ regulä-rer Kümmel)

Mehl, Ajowan und Salz in eine Schüssel geben. 180 ml warmes Wasser und Ghee zugeben und alles zu einem Teig verarbeiten. 30–60 Minuten gehen lassen, dann nochmals gut durchkneten. Je besser der Teig durch-geknetet ist, desto leichter wird das Brot. Auf einem

eingemehlten Brett aus dem Teig ca. 12 kleine Bälle formen und diese zu papierdünnen Fladen ausrollen. Eine Pfanne auf mittlere Hitze erwärmen und Chapati von beiden Seiten ca. 20 Sekunden anbraten. Sobald sie bräunen, sind sie fertig. Mit einem sauberen Tuch leicht andrücken, wodurch die Chapati »aufpuffen«.

Löwenzahn-Röllchen

Braucht Ihre Leber mal wieder Pflege? Löwenzahn ist ein hervorragendes bitteres Kraut, das in der Ernährung den gleichen Stellenwert wie Spinat einnehmen kann. Wenn Sie keinen Löwenzahn bekommen, können Sie ihn durch Spinat, Mangold oder Blattgrün anderer Gemüsesorten (z.B. von Rübengemüse) ersetzen. Achten Sie darauf, welches Gemüse für Ihr Dosha passt.

* 230 g fein gehacktes Löwenzahngrün
* 2 EL Tahin * ½ TL Salz
* 1 gehackte Knoblauchzehe
* 1 cm fein gehackter Ingwer
* 2 EL gehackte Nüsse oder Samen Ihrer Wahl
    (z. B. Mandeln, Cashews, Sonnenblumen-,
    Kürbiskerne oder Hanfsamen)
* 2 Blatt Reispapier

Kochendes Wasser in einen großen flachen Behälter oder Teller geben. Reispapier nacheinander hineinlegen, bis es völlig von Wasser bedeckt ist. Einige Minuten weich werden lassen. Tahin und Zitronensaft mit Salz, Knoblauch und Ingwer zu einer Creme verrühren. Blattgrün und Nüsse unterrühren. Reispapier abtropfen lassen und auf eine Unterlage legen. Die Hälfte der Mischung in der Mitte des Blattes länglich verteilen. Die kurzen Seiten über die Füllung falten, dann das untere Ende darüber. Mit leichtem Druck in Richtung des noch offenen Endes rollen. Mit dem zweiten Blatt und der übrigen Füllung genauso verfahren.

Für die einzelnen Doshas:

- Vata: Das Blattgrün sollte kurz gedämpft oder gedünstet werden.
- Pitta: Kürbiskerne oder gehackte Mandeln verwenden.
- Kapha: Kürbiskerne oder Sonnenblumenkerne verwenden.

Rohe Energiebällchen

Hier kann mit allen möglichen »Super Foods« experimentiert werden, z. B. Goji-Beeren, rohen Kakaobohnen, getrockneten Blaubeeren, Mandelmus – was immer Ihnen einfällt. Das Trockenobst kann zur besseren Verdaubarkeit einige Stunden zuvor in warmem Wasser eingeweicht werden. In diesem Fall müssen die Kugeln im Kühlschrank aufbewahrt werden und halten weniger lang.

* 180 g Tahin * 40 g Kokosflocken
* 200 g getrocknete Datteln/Feigen/Aprikosen/ Rosinen
* 50 g gemischte Samen und Nüsse (z. B. Mandeln, Cashews, Sonnenblumen-, Kürbiskerne, Walnüsse, Haselnüsse)
* je 1 EL Kokosraspeln, Sesamsamen, gemahlene Mandeln, rohes Kakaopulver (zum Wälzen)

Alle Zutaten in einen Mixer geben und auf höchster Stufe mischen, bis ein fester Teig entsteht. Mischung zu ca. 30 kleinen Kugeln formen und diese in der Mischung wälzen. Bis zum Servieren in den Kühlschrank stellen.

Käsecreme

Ca. 20 Portionen

Käse wirkt am Abend ausgleichend auf Pitta und Vata. Vata sollte allerdings auf die geeigneten Verdauungszeiten achten, damit der Käse nicht über Nacht im Magen liegen bleibt. Diese Creme kann sehr schön mit Gemüsesticks gegessen werden oder auf dunklem Brot.

* 150 g Ziegenbutter/Ghee (alternativ veganer Frischkäse)
* 150 g Magerquark (alternativ Seidentofu mit etwas Zitronensaft)
* 1 Bund Frühlingszwiebeln
* 80 g getrocknete Birnenschnitze
* 250 g Ziegenfrischkäse (alternativ veganer Käse)
* 1 EL Schwarzkümmelsamen
* 2 EL Honig (alternativ Agavensirup)
* Salz

Mit dem Schneebesen oder im Mixer Butter und Quark cremig schlagen. Frühlingszwiebeln in kleine Röllchen schneiden. 2 EL davon beiseitestellen. Birnenschnitze klein schneiden, einige zur Dekoration verwahren. Birnen mit Frühlingszwiebeln und Butter-

Quark-Gemisch vermengen. Ziegenkäse mit einer Gabel zerdrücken und untermischen. Creme auf einem Teller anrichten, mit dem Kümmel und den Frühlingszwiebeln bestreuen, Birnenschnitze darauf anrichten.

»Tassenbrötchen« mit Wildkräutern

Hefe wird im Ayurveda wenig oder nur in geringen Mengen empfohlen, da sie auf Dauer zu einer Ansammlung negativer Pilzkulturen im Magen-Darm-Trakt führt, die bei übermäßigem Verzehr die Darmflora stören. Backnatron mit Zitronensaft kann als Hefeersatz verwendet werden. Alternativen zum Klebereiweiß sind Xanthan, Guarkernmehl, Pfeilwurzelstärke und Johannisbrotkernmehl. Glutenfreier Hefeteig geht gut auf, wenn man ihn in eine Plastikschüssel setzt und diese mit einem Plastikdeckel oder Frischhaltefolie abdeckt. Als Eiersatz eignet sich am besten 2 EL gemahlene Leinsamen mit 3 EL Wasser vermengt. Wer es süß mag, kann auch eine zerdrückte Banane verwenden.

* 200 g Vollkornmehl
* 1 Ei (alternativ Eiersatz)
* 300 ml Milch (alternativ Pflanzendrink)
* 1 EL Salz ✳ 1 EL Trockenhefe (oder Alternative)

- ✳ 80 g gemischte Wildkräuter
  (z. B. Dill, Sauerampfer, Schafgarbe)
- ✳ 50 g gemischte gemahlene Samen
  (z. B. Sesam, Lein, Mohn)
- ✳ 100 g weiche Butter/Ghee (alternativ Margarine)
- ✳ 1 EL Olivenöl

Ofen auf 190° C vorheizen (Umluft 170°). Ei mit Milch und Salz vermengen, etwas davon zum Einpinseln beiseitestellen. Ofenfeste Tassen mit Öl ausfetten. Mehl mit Hefe mischen, Kräuter und Samen, dann Butter und die Milchmischung hinzufügen. Mithilfe einer Gabel Teig vom Rand weg mischen, bis sich alle Mehlklumpen vollständig aufgelöst haben.

Auf einer bemehlten Fläche den Teig in 4 Portionen teilen und die Tassen damit zu zwei Dritteln füllen. Die Oberfläche mit der Eimischung einpinseln, Tassen auf einem Rost in den Ofen schieben. Nach 10 Minuten Plätze tauschen, falls die Brötchen nicht gleichmäßig bräunen. Weitere 5–10 Minuten backen.

Gurken-Crostini

Kümmel stärkt unser Immunsystem und behebt Magenbeschwerden.

- ✳ 2 Gurken ✳ 2 rote Zwiebeln
- ✳ 2 Knoblauchzehen ✳ 30 g Ingwer
- ✳ 1 EL brauner Zucker ✳ 50 ml Zitronensaft
- ✳ 1 EL Koriandersamen
- ✳ 1 Bund Koriander
- ✳ 1 EL Schwarzkümmel
- ✳ 1 veganes Baguette (oder Brot Ihrer Wahl)
- ✳ ½ Bund Thymian ✳ 5 EL Erdnussöl
- ✳ 1 EL Chiliflocken ✳ Salz

Gurken schälen, längs halbieren, Kerne entfernen und Fruchtfleisch fein würfeln. Leicht salzen und in einem Sieb 20 Minuten ziehen lassen. Zwiebeln, Knoblauch und Ingwer schälen und fein hacken. Gut mit Zucker und Zitronensaft mischen. Koriandersamen mörsern und der Marinade zufügen. Korianderblätter abzupfen, fein hacken und mit der Gurke und dem Kümmel zur Marinade geben. Mit Salz abschmecken.
Ofen auf 220°C vorheizen. Baguette aufschneiden. Thymianblätter abzupfen und mit Öl und Chili mischen. Brot damit einpinseln und 5 Minuten im Ofen grillen, bis die Scheiben goldbraun sind. Gurkensalat auf den Crostini verteilen und sofort servieren.

Pikante Nusscreme

2 Gläser à 150 ml
Diese Creme kann gut mit rohen Gemüsesticks (im Sommer) gereicht werden, schmeckt aber auch sehr fein mit einem veganen Burger, gegrilltem Gemüse oder geräuchertem Tofu mit Rucola und Kirschtomaten.

* 200 g Nussmischung (z. B. Haselnüsse, Mandeln und Walnüsse)
* 1 TL Chilipulver * 1 TL Kümmel
* 1 TL Meersalz * 1 TL edelsüßes Paprikapulver
* 2 EL Olivenöl * 100 ml Nussdrink
* 2 EL Haferflocken

Ofen auf 220°C vorheizen (Umluft 180°). In einer Schüssel die Nussmischung mit den Gewürzen und dem Öl mischen, dann auf einem mit Backpapier ausgelegten Blech verteilen. Ca. 10 Minuten backen, bis die Nüsse leicht golden werden. Abkühlen lassen und in einer Küchenmaschine unter Zugabe des Nussdrinks und der Haferflocken pürieren, bis eine glatte Creme entsteht. Diese in verschließbare Gläschen füllen und im Kühlschrank aufbewahren.

Mango-Mandel-Creme

1 Glas à 250 ml

Pitta- und Kapha-Typen sollten diese Creme nicht in großen Mengen verzehren. Mandelcreme ist ein hervorragender Ersatz für viele Milchprodukte. Mit Wasser vermischt wird sie ein aromatisches Getränk, das man kalt und warm trinken kann. Auf Brot ersetzt es die Butter. Eine kleine Menge reicht, denn die Creme ist hochkalorisch. Sie können die Creme auch mit anderen süßen Saisonfrüchten zubereiten, oder Sie kreieren eine pikante Variante.

* 1 reife Mango * 100 g Kakaobutter
* 50 g Mandelmus
* etwas Vanillezucker (nach Geschmack)
* 2 EL Zitronensaft

Mango schälen, Kern entfernen, Fruchtfleisch würfeln und im Mixer glatt pürieren. Kakaobutter schmelzen und mit Mandelmus zur Mango geben. Alles mischen und mit Vanillezucker und Zitronensaft abschmecken. Unter gelegentlichem Umrühren abkühlen lassen, dann in ein sauberes, verschließbares Glas füllen. Im Kühlschrank hält sich die Creme 1–2 Wochen.

Danksagung

Ich danke einfach allen. Allen, die an der Verwirklichung dieses Buches beteiligt waren. Michael Weyland, Juliane und Wolfgang Sobing, Tina und Mike Christensen, Eva und Klaus Walgenbach, meinen Hunden (die immer geduldig auf mich warten, wenn ich wieder stundenlang am Laptop sitze), Chefkoch Wicky und seinem Team und allen anderen, die ich eventuell (aufgrund meiner Vata-Konstitution und des damit verbundenen schlechten Langzeitgedächtnisses) zu erwähnen versäumt haben sollte.

Allen Gästen des Lanka Princess Hotels, Sri Lanka, mit denen ich während der Herstellung dieses Buches gesprochen und die mir wertvollen Input geliefert und großes Interesse an den Rezepten gezeigt haben.

In naher Zukunft werde ich mich weiteren Ayurveda-Themen widmen und darüber hinaus meinem Roman, der in Sri Lanka spielt.

Über die Autorin

Katharina E. Weyland lebt mit ihrem Mann auf Sri Lanka.
Die zertifizierte Food-Coachin beschäftigt sich dort seit
vielen Jahren, in Ergänzung zur westlichen Ernährungsbe-
ratung, mit der Lehre des Ayurveda. Aus ihrem fundierten
Wissen und eigener intensiver Erfahrung ist ihr Stil des
Ayurveda entstanden, bei dem neben der Authentizität
eine leichte Umsetzbarkeit im Fokus steht.

bebodyandmind.wordpress.com

Außerdem erschienen:

Ayurveda Balance & Detox
160 Seiten
ISBN 978-3-8434-1223-0

Literatur

Bücher:
Vasant Lad: Das Ayurweda Heilbuch. Aitrang, Windpferd (9) 1995
David Frawley: Vom Geist des Ayurveda. Aitrang, Windpferd (2) 1999

Websites:
www.joyfulbelly.com | www.franlife.blogspot.com |
www.disabled-world.com | www.aayurveda.de | www.chopra.com

Zeitschriften:
»BIO«, Bio Ritter GmbH, Tutzing (www.biomagazin.de)
»Vegan«, Edizioni Sonda, Casale Monferrato (www.veganitaly.it)

Abbildungsverzeichnis

Fotos von Katharina E. Weyland:
S. 31, 36, 45, 48, 49, 51, 52, 56, 61, 63, 65, 67, 68, 85, 90, 93, 98, 100, 111

Fotos von der Bilddatenbank www.shutterstock.com:
Layoutelemente: #137025089 (©TATYANA Yamshanova), #105420536 (©se-
condcorner), #153444575 (©Bariskina), #180722855 (©Transia Design)
Dosha-Symbole: #251580028 (©GL Sonts)
S. 5: #109073930 8(©Snowbelle), S. 6: #79297708 (©worradirek), S. 10:
#85235728 (©Pikoso.kz), S. 13: #58732153 (©Ariwasabi), S. 17: #307381643
(©wavebreakmedia), S. 29: #334753277 (©Pikoso.kz), S. 32: #413720029
(©LMspencer), S. 44: #362004533 (©photosoft), S. 55: #326978783 (©vi-
tals), S. 59: #323105234 (©HandmadePictures), S. 71: #256863901 (©Binh
Thanh Bui), S. 75: #384564868 (©MRS.Siwaporn), S. 78: #66634810 (©Ire-
na Misevic), S. 80: #120604669 (©Nattika), S. 88: #238128253 (©Maks Na-
rodenko), S. 91: #231199135 (©Dionisvera), S. 102: #77348470 (©Volosi-
na), S. 107: #297178049 (©MRS.Siwaporn)